全国计算机技术与软件专业技术资格(水平)考试指定用书

信息处理技术员

2017至2021年试题分析与解答

计算机技术与软件专业技术资格考试研究部 主编

清华大学出版社
北京

内 容 简 介

信息处理技术员级考试是全国计算机技术与软件专业技术资格（水平）考试的初级职称考试，是历年各级考试报名的热点之一。本书汇集了2017至2021年的所有试题和权威的解析，参加考试的考生，认真读懂本书的内容后，将会更加了解考题的思路，对提升自己考试通过率的信心会有极大的帮助。

本书扉页为防伪页，封面贴有清华大学出版社防伪标签，无标签者不得销售。
版权所有，侵权必究。举报：010-62782989，beiqinquan@tup.tsinghua.edu.cn。

图书在版编目（CIP）数据

信息处理技术员2017至2021年试题分析与解答/计算机技术与软件专业技术资格考试研究部主编.—北京：清华大学出版社，2023.3（2024.4重印）
全国计算机技术与软件专业技术资格（水平）考试指定用书
ISBN 978-7-302-63033-3

Ⅰ.①信… Ⅱ.①计… Ⅲ.①信息处理－资格考试－题解 Ⅳ.①G202-44

中国国家版本馆CIP数据核字(2023)第043992号

责任编辑：杨如林
封面设计：杨玉兰
责任校对：胡伟民
责任印制：刘海龙

出版发行：清华大学出版社
  网　　址：https://www.tup.com.cn, https://www.wqxuetang.com
  地　　址：北京清华大学学研大厦A座　　邮　编：100084
  社 总 机：010-83470000　　邮　购：010-62786544
  投稿与读者服务：010-62776969，c-service@tup.tsinghua.edu.cn
  质量反馈：010-62772015，zhiliang@tup.tsinghua.edu.cn
印 装 者：三河市君旺印务有限公司
经　　销：全国新华书店
开　　本：185mm×230mm　　印　张：16.25　　防伪页：1　　字　数：405千字
版　　次：2023年4月第1版　　印　次：2024年4月第2次印刷
定　　价：60.00元

产品编号：098374-01

前　言

　　根据国家有关的政策性文件，全国计算机技术与软件专业技术资格（水平）考试（以下简称"计算机软件考试"）已经成为计算机软件、计算机网络、计算机应用、信息系统、信息服务领域高级工程师、工程师、助理工程师、技术员国家职称资格考试。而且，根据信息技术人才年轻化的特点和要求，报考这种资格考试不限学历与资历条件，以不拘一格选拔人才。现在，软件设计师、程序员、网络工程师、数据库系统工程师、系统分析师、系统架构设计师和信息系统项目管理师等资格的考试标准已经实现了中国与日本互认，程序员和软件设计师等资格的考试标准已经实现了中国和韩国互认。

　　计算机软件考试规模发展很快，年报考规模已超过 100 万人，三十多年来，累计报考人数超过 700 万。

　　计算机软件考试已经成为我国著名的 IT 考试品牌，其证书的含金量之高已得到社会的公认。计算机软件考试的有关信息见网站 www.ruankao.org.cn 中的资格考试栏目。

　　对考生来说，学习历年试题分析与解答是理解考试大纲的最有效、最具体的途径。

　　为帮助考生复习备考，计算机技术与软件专业技术资格考试研究部汇集了信息处理技术员 2017 至 2021 年的试题分析与解答，以便于考生测试自己的水平，发现自己的弱点，更有针对性、更系统地学习。

　　计算机软件考试的试题质量高，包括了职业岗位所需的各个方面的知识和技术，不但包括技术知识，还包括法律法规、标准、专业英语、管理等方面的知识；不但注重广度，而且还有一定的深度；不但要求考生具有扎实的基础知识，还要具有丰富的实践经验。

　　这些试题中，包含了一些富有创意的试题，一些与实践结合得很好的佳题，一些富有启发性的试题，具有较高的社会引用率，对学校教师、培训指导者、研究工作者都是很有帮助的。

　　由于作者水平有限，时间仓促，书中难免有错误和疏漏之处，诚恳地期望各位专家和读者批评指正，对此，我们将深表感激。

编　者

目 录

第 1 章　2017 上半年信息处理技术员上午试题分析与解答 1
第 2 章　2017 上半年信息处理技术员上机考试试题分析与解答 22
第 3 章　2017 下半年信息处理技术员上午试题分析与解答 29
第 4 章　2017 下半年信息处理技术员上机考试试题分析与解答 50
第 5 章　2018 上半年信息处理技术员上午试题分析与解答 57
第 6 章　2018 上半年信息处理技术员上机考试试题分析与解答 78
第 7 章　2018 下半年信息处理技术员上午试题分析与解答 85
第 8 章　2018 下半年信息处理技术员上机考试试题分析与解答 106
第 9 章　2019 上半年信息处理技术员上午试题分析与解答 114
第 10 章　2019 上半年信息处理技术员上机考试试题分析与解答 135
第 11 章　2019 下半年信息处理技术员上午试题分析与解答 142
第 12 章　2019 下半年信息处理技术员上机考试试题分析与解答 164
第 13 章　2020 下半年信息处理技术员上午试题分析与解答 171
第 14 章　2020 下半年信息处理技术员上机考试试题分析与解答 193
第 15 章　2021 上半年信息处理技术员上午试题分析与解答 199
第 16 章　2021 上半年信息处理技术员上机考试试题分析与解答 220
第 17 章　2021 下半年信息处理技术员上午试题分析与解答 227
第 18 章　2021 下半年信息处理技术员上机考试试题分析与解答 247

第1章 2017上半年信息处理技术员上午试题分析与解答

试题（1）

以下关于数据的叙述中，正确的是___(1)___。

(1) A. 原始数据必然都是真实、可靠、合理的
　　B. 通过数据分析可以了解数据间的相关关系
　　C. 依靠大数据来决策就一定不会被误导
　　D. 用过去的大数据可以准确地预测未来

试题（1）分析

本题考查信息和信息技术基本概念。

原始数据中常含有不少错误。处理大数据时，只有以正确的业务视角、正确的分析方法、合理的展示才会得到正确的结论，否则容易产生误导。用大数据预测比用传统的方法更好些，但即使用大数据做预测也不能确保完全准确。一般来说，通过大数据分析可以了解数据之间是否存在某种相关关系（不是因果关系）。

参考答案

(1) B

试题（2）

以下关于企业信息处理的叙述中，不正确的是___(2)___。

(2) A. 数据是企业的重要资源　　　　　　B. 信息与噪声共存是常态
　　C. 数据处理是简单重复劳动　　　　　D. 信息处理需要透过数据看本质

试题（2）分析

本题考查信息和信息技术基本概念。

企业中的数据处理工作非常重要，如数据收集、清洗、整理、存储、分析处理等工作，要做好并提高效率，确保质量，有效促进业务工作，都需要掌握必要的理论知识和实际技能，都需要丰富的实际经验，还要求有良好的信息素养。

参考答案

(2) C

试题（3）

以下关于政务信息化的要求中，不正确的是___(3)___。

(3) A. 加快推动政务信息系统互联和公共数据共享
　　B. 除涉及国家安全、商业秘密、个人隐私外，政务信息应向社会开放
　　C. 让信息多跑路，群众少跑路
　　D. 实现政务信息处理全自动化

试题（3）分析

本题考查信息和信息技术基本概念。

政务信息化要求尽可能自动地做一些日常规范的信息处理工作，但不可能要求全自动化。对疑难问题、特殊问题、复杂问题、政策边缘问题都需要由专职人员处理。

参考答案

（3）D

试题（4）

某企业今年 1 至 4 月的销售额依次为 a_1、a_2、a_3、a_4，现采用加权平均来预测 5 月份的销售额。权重的比例为 1:2:3:4，时间越近则权重越大，预测的结果为 __(4)__ 。

(4) A. $a_1 + 2a_2 + 3a_3 + 4a_4$ B. $0.1a_1 + 0.2a_2 + 0.3a_3 + 0.4a_4$
　　C. $4a_1 + 3a_2 + 2a_3 + a_4$ D. $0.4a_1 + 0.3a_2 + 0.2a_3 + 0.1a_4$

试题（4）分析

本题考查初等数学应用能力。

5 月份的销售额为 $(1×a_1+2×a_2+3×a_3+4×a_4)/(1+2+3+4)=0.1a_1+0.2a_2+0.3a_3+0.4a_4$。

参考答案

（4）B

试题（5）

某公司某种商品每天的销售量 N（个）是价格 P（元）的函数：N=7500−50P，已销售商品的总成本 C（元）是销售量 N（个）的函数 C=25000+40N，销售每个商品需要交税 10 元。在以下四种价格中，定价 P= __(5)__ 元能使公司每天获得更高的总利润（总收入−总成本−总税）。

(5) A. 50　　　B. 80　　　C. 100　　　D. 120

试题（5）分析

本题考查初等数学应用能力。

取选项 A 时，N=5000，C=22.5 万，总税=5 万，总收入=25 万，总利润=−2.5 万。
取选项 B 时，N=3500，C=16.5 万，总税=3.5 万，总收入=28 万，总利润=8 万。
取选项 C 时，N=2500，C=12.5 万，总税=2.5 万，总收入=25 万，总利润=10 万。
取选项 D 时，N=1500，C= 8.5 万，总税=1.5 万，总收入=18 万，总利润=8 万。

参考答案

（5）C

试题（6）

某企业外聘了甲、乙、丙三人挖树坑，按定额任务每天支付给每人 90 元报酬。有一天，甲临时有事，没有挖。结果乙挖了 5 个树坑，丙挖了 4 个树坑，完成了当天三人的总定额。随后，甲将当天的报酬 90 元交给乙和丙合理分配。为此，乙和丙分别分得 __(6)__ 。

(6) A. 50 元和 40 元　　　　　　B. 60 元和 30 元
　　C. 70 元和 20 元　　　　　　D. 80 元和 10 元

试题（6）分析

本题考查初等数学应用能力。

根据题意，当天的总定额是 9 个树坑，总报酬是 3×90 元。因此，挖一个树坑的报酬为 30 元。乙应得 5×30=150 元，丙应得 4×30=120 元。乙和丙除了该企业发的 90 元报酬外，还应给甲分别补 150-90=60 元和 120-90=30 元。

参考答案

（6）B

试题（7）

数据分析的主要目的是 __(7)__ 。

（7）A．删除异常的和无用的数据　　B．挑选出有用和有利的数据
　　　C．以图表形式直观展现数据　　D．发现问题并提出解决方案

试题（7）分析

本题考查信息处理基础知识。

数据分析的目的是从数据中发现业务方面的问题，并提出解决方案，供管理人员决策参考。

参考答案

（7）D

试题（8）

数据分析的四个步骤依次是 __(8)__ 。

（8）A．获取数据、处理数据、分析数据、呈现数据
　　　B．获取数据、呈现数据、处理数据、分析数据
　　　C．获取数据、处理数据、呈现数据、分析数据
　　　D．呈现数据、分析数据、获取数据、处理数据

试题（8）分析

本题考查信息处理基础知识。

数据分析的步骤是：先收集、获取数据；然后对这些数据进行清洗和整理，加工处理；再利用分析工具分析数据，发现问题，并提出解决方案；最后在数据分析报告中用图表等形式直观地向有关人员呈现数据。

参考答案

（8）A

试题（9）

以下对企业根据商务问题的要求获取数据的叙述中，不正确的是 __(9)__ 。

（9）A．获取数据的前提是对商务问题的理解，把商务问题转化成数据问题
　　　B．获取数据前应先确定从哪些维度来分析问题
　　　C．获取数据前需要确定数据源以及获取的途径和方式，并制订计划
　　　D．获取数据过程中应舍去不符合格式要求的数据，以利于后续处理

试题（9）分析

本题考查信息处理基础知识。

不符合格式的数据一般可以通过软件工具自动进行规范化，也可以用手工来实现。许多重要数据即使格式不规范，也不能舍去，需要在格式修改后好好利用。

参考答案

（9）D

试题（10）

数据源有多种，从传感器、智能仪表自动发送过来的数据属于___（10）___。

（10）A．业务办理数据　　　　　　B．调查统计数据
　　　　C．物理收集数据　　　　　　D．互联网交互数据

试题（10）分析

本题考查信息处理基础知识。

从传感器、智能仪表自动发送过来的数据属于用物理方法收集数据。

参考答案

（10）C

试题（11）

数据差错检测一般不包括___（11）___。

（11）A．数据格式是否匹配　　　　B．数据量是否在增长
　　　　C．数据的值是否越界　　　　D．数据是否重复

试题（11）

本题考查信息处理基础知识。

数据差错检测主要需要查出错误的数据、重复多余的数据，有时也会检查数据是否缺失，数据数量是否正确，一般不会检查数据量是否在增长。

参考答案

（11）B

试题（12）

企业客户的数据中，姓名、性别、电子信箱等属于___（12）___。

（12）A．属性数据　　B．交易数据　　C．行为数据　　D．关系数据

试题（12）分析

本题考查信息处理基础知识。

客户的姓名、性别、电子信箱等属于客户的属性数据。

参考答案

（12）A

试题（13）

3‰=___（13）___。

（13）A．0.003　　　　B．0.03　　　　C．0.3　　　　D．3.00

试题（13）分析

本题考查信息处理基础知识。

3‰的含义是千分之三。

参考答案

（13）A

试题（14）

数据分析平台面向四类用户群，对于__(14)__，平台要便于操作，能随时随地以直观形式查看所需的数据，并提供决策支持。

(14) A．报表开发者　　　B．业务人员　　　C．数据分析师　　　D．企业管理者

试题（14）分析

本题考查信息处理基础知识。

数据平台的使用者包括业务人员、数据分析人员、企业管理人员和软件开发人员。对管理者来说，他们希望平台操作简便，随时能用直观的形式查看自己想要的数据，为决策提供支持。

参考答案

（14）D

试题（15）

台式计算机的机箱内，风扇主要是为运行中的__(15)__散热。

(15) A．CPU　　　　　　B．内存　　　　　C．硬盘　　　　　　D．显示器

试题（15）分析

本题考查计算机基础知识（硬件）。

因为 CPU 运行时温度很高，如果散热不良则会严重影响系统运行，缩短 CPU 寿命。

参考答案

（15）A

试题（16）

连接计算机的__(16)__一般带有电源插头，需要由外部电源供电。

(16) A．摄像头　　　　　B．键盘　　　　　C．鼠标　　　　　　D．打印机

试题（16）分析

本题考查计算机基础知识（硬件）。

打印机一般需要直接外接电源。

参考答案

（16）D

试题（17）

硒鼓和墨粉是__(17)__的消耗品。

(17) A．针式打印机　　　B．行式打印机　　C．喷墨打印机　　　D．激光打印机

试题（17）分析

本题考查计算机基础知识（硬件）。

激光打印机内有硒鼓，里面装有墨粉。这是消耗品，使用一段时间后需要更换。

参考答案

（17）D

试题（18）

操作系统的功能不包括__(18)__。

(18) A．管理计算机系统中的资源　　　　　B．调度运行程序
　　　C．对用户数据进行分析处理　　　　　D．提供人机交互界面

试题（18）分析

本题考查计算机基础知识（软件）。

对用户数据进行分析处理是应用部门选用应用程序来做的。

参考答案

（18）C

试题（19）

在Windows系统中，控制面板的功能不包括__(19)__。

(19) A．设置系统有关部分的参数　　　　　B．查看系统各部分的属性
　　　C．新建、管理和删除用户文件　　　　D．为打印机安装驱动程序

试题（19）分析

本题考查计算机基础知识（软件）。

新建、管理和删除用户文件是资源管理器的功能，不属于控制面板功能。

参考答案

（19）C

试题（20）

Windows文件名中不允许使用__(20)__。

(20) A．符号"/"　　　　　　　　　　　　B．符号"-"
　　　C．符号"."　　　　　　　　　　　　D．符号"("和")"

试题（20）分析

本题考查计算机基础知识（软件）。

Windows系统中，符号"/"是文件路径中各部分之间的分隔符。若在文件名中使用，就会产生二义性。

参考答案

（20）A

试题（21）

Windows系统运行时，默认情况下，当屏幕上的鼠标变成__(21)__时，单击该处就可以实现超级链接。

(21) A．箭头　　　　　B．双向箭头　　　　C．沙漏　　　　D．手形

试题（21）分析

本题考查计算机基础知识（操作）。

当屏幕上的鼠标变成手形时,单击该处就可以实现超级链接,转到所需的网页。

参考答案

(21) D

试题(22)

Windows 系统中,"复制"和"粘贴"操作常用快捷键__(22)__来实现。

(22) A．Ctrl+C 和 Ctrl+V　　　　　　B．Shift+C 和 Shift+V
　　　C．Ctrl+F 和 Ctrl+T　　　　　　D．Shift+F 和 Shift+T

试题(22)分析

本题考查计算机基础知识(操作)。

Windows 系统中,"复制"和"粘贴"操作常用快捷键 Ctrl+C 和 Ctrl+V 来实现。

参考答案

(22) A

试题(23)

在 Windows 系统的资源管理器中,文件不能按__(23)__来排序显示。

(23) A．名称　　　　B．类型　　　　C．属性　　　　D．修改日期

试题(23)分析

本题考查计算机基础知识(操作)。

在 Windows 系统的资源管理器中,文件可以按名称、类型、修改日期来排序,但不能按属性来排序。

参考答案

(23) C

试题(24)、(25)

微型计算机使用了一段时间后,出现了以下一些现象,除了__(24)__以外,需要对系统进行优化。对系统进行手工优化的工作不包括__(25)__。人们还常用系统优化工具进行优化。

(24) A．系统盘空间不足　　　　　　B．系统启动时间过长
　　　C．系统响应迟钝　　　　　　　D．保存的文件越来越多

(25) A．禁用多余的自动加载程序　　B．删除多余的设备驱动程序
　　　C．终止没有响应的进程　　　　D．磁盘清理和整理磁盘碎片

试题(24)、(25)分析

本题考查计算机基础知识(维护)。

如果保存的文件越来越多,则需要由用户自己来管理,包括整理、删除、备份等,这不属于系统执行的优化工作。系统内含有许多设备驱动程序,这些程序很小,供连接各种设备时选用,没有必要删除,也很难分清楚哪些驱动程序多余。

参考答案

(24) D　　(25) B

试题(26)

计算机维护的注意事项中不包括__(26)__。

(26) A．不要带电拔插元器件　　　　B．防尘防脏
　　　C．要定期送维修店检查　　　　D．防潮防水

试题（26）分析

本题考查计算机基础知识（维护）。

只有在计算机系统出现故障，自己或同事不能排除故障时，才需要送维修店处理。

参考答案

（26）C

试题（27）

一般而言，文件的类型可以根据__（27）__来识别。

(27) A．文件的大小　　　　　　　　B．文件的用途
　　　C．文件的扩展名　　　　　　　D．文件的存放位置

试题（27）分析

本题考查计算机基础知识（Windows）。

文件的类型可以根据文件的扩展名来识别。

参考答案

（27）C

试题（28）

在 Windows 7 中，"写字板"和"记事本"软件所编辑的文档__（28）__。

(28) A．均可通过剪切、复制和粘贴与其他 Windows 应用程序交换信息
　　　B．只有写字板可通过剪切、复制和粘贴与其他 Windows 应用程序交换信息
　　　C．只有记事本可通过剪切、复制和粘贴与其他 Windows 应用程序交换信息
　　　D．两者均不能与其他 Windows 应用程序交换信息

试题（28）分析

本题考查计算机基础知识（Windows）。

写字板具有 Word 最初的形态，有格式控制等，存储文件的扩展名默认为.rtf；记事本存储文件的扩展名为.txt，文件属性没有任何格式标签或者风格，特点是只支持纯文本。

参考答案

（28）A

试题（29）

下列关于快捷方式的叙述中，不正确的是__（29）__。

(29) A．快捷方式会改变程序或文档在磁盘上的存放位置
　　　B．快捷方式提供了对常用程序或文档的访问捷径
　　　C．快捷方式图标的左下角有一个小箭头
　　　D．删除快捷方式不会对源程序或文档产生影响

试题（29）分析

本题考查计算机基础知识（Windows）。

快捷方式是Windows提供的一种快速启动程序、打开文件或文件夹的方法。它是应用程

序的快速连接。快捷方式都有一个共同的特点,在每个图标的左下角都有一个非常小的箭头,这个箭头就是用来表明该图标是一个快捷方式。安装或删除不会改变程序或文档在磁盘上的存放位置。

参考答案

(29) A

试题 (30)

在 Windows 7 中,关于文件夹的描述不正确的是__(30)__。

(30) A. 文件夹是用来组织和管理文件的
　　　B. "计算机"是一个系统文件夹
　　　C. 文件夹中可以存放驱动程序文件
　　　D. 同一文件夹中可以存放两个同名文件

试题 (30) 分析

本题考查计算机基础知识(Windows)。

文件夹是用来协助管理计算机文件的,每一个文件夹对应一块磁盘空间,它提供了指向对应空间的地址,它没有扩展名,同一文件夹中不可以存放两个同名文件。

参考答案

(30) D

试题 (31)

文件 ABC.bmp 存放在 F 盘的 T 文件夹中的 G 子文件夹下,它的完整文件标识符是__(31)__。

(31) A. F:\T\G\ABC　　　　　　　　　B. T:\ABC.bmp
　　　C. F:\T\G\ABC.bmp　　　　　　D. F:\T:\ABC.bmp

试题 (31) 分析

本题考查计算机基础知识(Windows)。

一个完整文件标识符包括驱动器号、路径、文件名和文件的扩展名。因此,正确的文件标识符为 F:\T\G\ABC.bmp。

参考答案

(31) C

试题 (32)

在 Windows 7 中,剪贴板是用来在程序和文件间传递信息的临时存储区,此存储区是__(32)__。

(32) A. 回收站的一部分　　　　　　B. 硬盘的一部分
　　　C. 内存的一部分　　　　　　　D. 显存的一部分

试题 (32) 分析

本题考查计算机基础知识(Windows)。

剪贴板(ClipBoard)是内存中的一块区域,是 Windows 内置的一个非常有用的工具,通过剪贴板,可使各种应用程序传递和共享信息成为可能。但剪贴板只能保留一份数据,每当新的数据传入，旧的便会被覆盖。

参考答案

（32）C

试题（33）

用 Word 2007 编辑文件时，查找和替换中能使用的通配符是__(33)__。

(33) A．+和-　　　　　B．*和,　　　　　C．*和?　　　　　D．/和*

试题（33）分析

本题考查文字处理基础知识（Word）。

通配符是一些特殊的语句，主要作用是用来模糊搜索和替换使用。在 Word 中使用通配符可以查找和替换文字、格式、段落标记等。"?"为任意单个字符，可以代表任意单个字符，输入几个"?"就代表几个未知字符。如输入"?国"就可以找到诸如"中国""美国""英国"等字符；输入"???国"可以找到"孟加拉国"等字符。"*"为任意多个字符。如输入"*国"就可以找到"中国""美国""孟加拉国"等字符。

参考答案

（33）C

试题（34）

下列关于 Word 2007 撤销操作的叙述中，正确的是__(34)__。

(34) A．只能撤销最后一次对文档的操作
　　　B．可随时撤销以前所有的错误操作
　　　C．不能进行撤销操作
　　　D．可撤销针对该文档当前操作前有限次数的操作

试题（34）分析

本题考查文字处理基础知识（Word）。

可撤销针对该文档当前操作前有限次数的操作。

参考答案

（34）D

试题（35）

在 Word 2007 文档中查找所有的"广西""广东"，可在查找内容中输入__(35)__，再陆续检查处理。

(35) A．广西或广东　　　B．广西　　　　　C．广?　　　　　D．广西、广东

试题（35）分析

本题考查文字处理基础知识（Word）。

"?"为任意单个字符，输入几个"?"就代表几个未知字符。

参考答案

（35）C

试题（36）

在 Word 2007 中，同时打开的文档窗口越多，占用内存__(36)__。

（36）A. 越少　　　　　　B. 不变　　　　　　C. 互相覆盖　　　　　D. 越多

试题（36）分析

本题考查文字处理基础知识（Word）。

在 Word 2007 中，同时打开的文档窗口越多，占用内存越多。

参考答案

（36）D

试题（37）

在 Word 2007 中，执行"编辑"菜单中的"粘贴"命令后，___（37）___。

（37）A. 被选择的内容移到插入点　　　　B. 被选择的内容移到剪贴板
　　　 C. 剪贴板中的内容移到插入点　　　　D. 剪贴板中的内容复制到插入点

试题（37）分析

本题考查文字处理基础知识（Word）。

在 Word 2007 中，执行"编辑"菜单中的"粘贴"命令后，剪贴板中的内容复制到插入点。

参考答案

（37）D

试题（38）

下列关于 Word 2007 "格式刷"工具的叙述中，不正确的是___（38）___。

（38）A. 格式刷可以用来复制文字　　　　B. 格式刷可以用来快速复制文字格
　　　 C. 格式刷可以用来快速设置段落格式　D. 格式刷可以多次复制同一格式

试题（38）分析

本题考查文字处理基础知识（Word）。

格式刷是 Word 中的一种工具。用格式刷"刷"格式，可以快速将指定段落或文本的格式沿用到其他段落或文本上，大大减少了排版的重复劳动。

参考答案

（38）A

试题（39）

在 Word 2007 中，针对页眉和页脚上的文字，___（39）___。

（39）A. 不可以设置字体、字号、颜色
　　　 B. 可以对字体、字号、颜色进行设置
　　　 C. 仅可设置字体，不能设置字号和颜色
　　　 D. 不能设置段落格式，如行间距、段落对齐方式

试题（39）分析

本题考查文字处理基础知识（Word）。

在 Word 2007 中，针对页眉和页脚上的文字，可以对字体、字号、颜色进行设置。

参考答案

（39）B

试题（40）

在 Word 2007 中，汉字字号从小到大分为 16 级，最大的字号为 __(40)__ 。

(40) A．初号　　　　B．小初号　　　　C．五号　　　　D．八号

试题（40）分析

本题考查文字处理基础知识（Word）。

在 Word 2007 中，汉字字号从小到大分为 16 级，最大的字号为初号。

参考答案

(40) A

试题（41）

在 Word 2007 中，打印页码 2-4，8，11 表示打印 __(41)__ 。

(41) A．第 2 页、第 4 页、第 8 页、第 11 页
　　　B．第 2 页至第 4 页、第 8 页至第 11 页
　　　C．第 2 页至第 4 页、第 8 页、第 11 页
　　　D．第 2 页至第 8 页、第 11 页

试题（41）分析

本题考查文字处理基础知识（Word）。

打印页码 2-4，8，11 表示打印第 2 页至第 4 页、第 8 页、第 11 页。

参考答案

(41) C

试题（42）

在 Excel 中，相对地址在被复制或移动到其他单元格时，其单元格地址 __(42)__ 。

(42) A．不会改变　　　B．部分改变　　　C．全部改变　　　D．不能复制

试题（42）分析

本题考查电子表格处理基础知识（Excel）。

相对地址在公式中使用相对地址引用，公式复制过程中引用地址（值）随位置而变。

参考答案

(42) C

试题（43）

在 Excel 中，若要计算出 B3:E6 区域内的数据的最小值并保存在 B7 单元格中，应在 B7 单元格中输入 __(43)__ 。

(43) A．=MIN(B3:E6)　　　　　　　　B．=MAX(B3:E6)
　　　C．=COUNT(B3:E6)　　　　　　D．=SUM(B3:E6)

试题（43）分析

本题考查电子表格处理基础知识（Excel）。

MIN 函数可表示为 min(x,y)=0.5*(x+y-|x-y|)，作用是返回给定参数表中的最小值。函数参数可以是数字、空白单元格、逻辑值或表示数值的文字串，如果参数中有错误值或无法转换成数值的文字时，将引起错误。

参考答案

（43）A

试题（44）

__(44)__ 是 Excel 工作簿的最小组成单位。

（44）A．字符　　　　B．工作表　　　　C．单元格　　　　D．窗口

试题（44）分析

本题考查电子表格处理基础知识（Excel）。

单元格是 Excel 工作簿的最小组成单位。

参考答案

（44）C

试题（45）

在 Excel 中，若 A1 单元格中的值为-1，B1 单元格中的值为 1，在 B2 单元格中输入=SUM(SIGN(A1)+B1)，则 B2 单元格中的值为__(45)__。

（45）A．-1　　　　B．0　　　　C．1　　　　D．2

试题（45）分析

本题考查电子表格处理基础知识（Excel）。

SIGN 函数能够把函数的符号析离出来。在数学和计算机运算中，其功能是取某个数的符号（正或负）：当 x>0 时，SIGN(x)=1；当 x=0 时，SIGN(x)=0；当 x<0 时，SIGN(x)=-1。因此，函数"=SUM(SIGN(A1)+B1)"的计算结果为 0。

参考答案

（45）B

试题（46）

在 Excel 中，若在 A1 单元格中输入=POWER(2,3)，则 A1 单元格中的值为__(46)__。

（46）A．5　　　　B．6　　　　C．8　　　　D．9

试题（46）分析

本题考查电子表格处理基础知识（Excel）。

函数"=POWER(2,3)"的含义是计算 2 的 3 次幂，计算结果为 8。

参考答案

（46）C

试题（47）

在 Excel 中，若 A1 单元格中的值为 50，B1 单元格中的值为 60，若在 A2 单元格中输入函数=IF(AND(A1>=60,B1>=60),"合格","不合格")，则 A2 单元格中的值为__(47)__。

（47）A．50　　　　B．60　　　　C．合格　　　　D．不合格

试题（47）分析

本题考查电子表格处理基础知识（Excel）。

函数"=IF(AND(A1>=60,B1>=60),"合格","不合格")"的含义是 A1 和 B1 单元格中的值都同时大于等于 60 则显示合格，否则不合格。题干计算结果为不合格。

参考答案

(47) D

试题 (48)

在 Excel 中，若在 A1 单元格中输入函数=LEN("信息处理技术员")，则 A1 单元格中的值为___(48)___。

(48) A. 7　　　　B. 信息　　　　C. 技术员　　　　D. 信息处理技术员

试题 (48) 分析

本题考查电子表格处理基础知识（Excel）。

LEN 函数的功能是返回文本串的字符数，因此，函数 "=LEN("信息处理技术员")" 的计算结果为 7。

参考答案

(48) A

试题 (49)

在 Excel 中，若 A1、B1、C1、D1 单元格中的值分别为 2、4、8、16，在 E1 单元格中输入函数=MAX(C1:D1)^MIN(A1:B1)，则 E1 单元格中的值为___(49)___。

(49) A. 4　　　　B. 16　　　　C. 64　　　　D. 256

试题 (49) 分析

本题考查电子表格处理基础知识（Excel）。

函数 MAX(C1:D1) 的含义是计算 C1 到 D1 单元格中的最大值，计算结果为 16；MIN(A1:B1) 的含义是计算 A1 到 B1 单元格中的最小值，计算结果为 2；函数 "=MAX(C1:D1)^MIN(A1:B1)" 的含义就是计算 16 的 2 次幂，结算结果为 256。

参考答案

(49) D

试题 (50)

在 Excel 中，在公式中使用多个运算符时，其优先级从高到低依次为___(50)___。

(50) A. 算术运算符→引用运算符→文本运算符→比较运算符
　　　B. 引用运算符→文本运算符→算术运算符→比较运算符
　　　C. 引用运算符→算术运算符→文本运算符→比较运算符
　　　D. 比较运算符→算术运算符→文本运算符→引用运算符

试题 (50) 分析

本题考查电子表格处理基础知识（Excel）。

在 Excel 中，在公式中使用多个运算符时，其优先级从高到低依次为引用运算符→算术运算符→文本运算符→比较运算符。

参考答案

(50) C

试题 (51)

在 Excel 中，若 A1、B1、C1、D1 单元格中的值分别为-22.38、21.38、31.56、-30.56，

在 E1 单元格中输入函数=ABS(SUM(A1:B1))/AVERAGE(C1:D1)，则 E1 单元格中的值为__(51)__。

(51) A. -1　　　　　B. 1　　　　　C. -2　　　　　D. 2

试题（51）分析

本题考查电子表格处理基础知识（Excel）。

ABS(SUM(A1:B1))的含义是计算 A1 到 B1 单元格的和的绝对值，计算结果为 1；AVERAGE(C1:D1)的含义是计算 C1 到 D1 单元格中的平均值，计算结果为 0.5；函数"=ABS(SUM(A1:B1))/AVERAGE(C1:D1)"的含义就是 1 除以 0.5，计算结果为 2。

参考答案

(51) D

试题（52）

PowerPoint 2007 提供了多种__(52)__，它包含了相应的配色方案、母版和字体样式等，可供用户快速生成风格统一的演示文稿。

(52) A. 版式　　　　B. 模板　　　　C. 背景　　　　D. 幻灯片

试题（52）分析

本题考查演示文档处理基础知识（PowerPoint）。

PowerPoint 2007 提供了多种模板，它包含了相应的配色方案、母版和字体样式等，可供用户快速生成风格统一的演示文稿。

参考答案

(52) B

试题（53）

演示文稿中的每一张演示的单页称为__(53)__，它是演示文稿的核心。

(53) A. 版式　　　　B. 模板　　　　C. 母版　　　　D. 幻灯片

试题（53）分析

本题考查演示文档处理基础知识（PowerPoint）。

演示文稿中的每一张演示的单页称为幻灯片，它是演示文稿的核心。

参考答案

(53) D

试题（54）

当新插入的图片遮挡原来的对象时，最合适的调整方法是__(54)__。

(54) A. 调整剪贴画的大小
　　　B. 调整剪贴画的位置
　　　C. 删除这个剪贴画，更换大小合适的剪贴画
　　　D. 调整剪贴画的叠放次序，将被遮挡的对象提前

试题（54）分析

本题考查演示文档处理基础知识（PowerPoint）。

插入的图片遮挡原来的对象时，最合适的调整方法是调整剪贴画的叠放次序，将被遮挡

的对象提前。

参考答案

（54）D

试题（55）

在 PowerPoint 2007 中，为精确控制幻灯片的放映时间，可使用 （55） 功能。

（55）A．幻灯片效果切换 　　　　B．自定义动画
　　　　C．排练计时 　　　　　　　D．录制旁白

试题（55）分析

本题考查演示文档处理基础知识（PowerPoint）。

在 PowerPoint 2007 中，为精确控制幻灯片的放映时间，可使用排练计时功能。

参考答案

（55）C

试题（56）

Access 数据库对象中， （56） 是实际存放数据的地方。

（56）A．表　　　　B．模式　　　　C．报表　　　　D．窗体

试题（56）分析

本题考查数据库处理基础知识（Access）。

数据库对象中，表是实际存放数据的地方。

参考答案

（56）A

试题（57）

下列关于主键的叙述中，不正确的是 （57） 。

（57）A．Access 2007 并不要求在每一个表中都必须包含一个主键
　　　　B．在一个表中只能指定一个字段为主键
　　　　C．在输入数据或对数据进行修改时，不能向主键的字段输入相同的值
　　　　D．利用主键可以加快数据查找

试题（57）分析

本题考查数据库处理基础知识（Access）。

主键是表中的一个或多个字段，它的值用于唯一标识表中的某一条记录。在两个表的关系中，主键用来在一个表中引用来自于另一个表中的特定记录。主键是一种唯一关键字，表定义的一部分。一个表的主键可以由多个关键字共同组成，并且主键的列不能包含空值。

参考答案

（57）C

试题（58）

在一个数据库中存储着若干个表，这些表之间可以通过 （58） 建立关系。

（58）A．内容不相同的字段　　　　B．内容全部相同的字段
　　　　C．第一个字段　　　　　　　D．最后一个字段

试题（58）分析

本题考查数据库处理基础知识（Access）。

在一个数据库中存储着若干个表，这些表之间可以通过内容全部相同的字段建立关系。

参考答案

（58）B

试题（59）

在 Access 中，如果想要查询所有姓名为 2 个汉字的学生记录，在准则中应输入__（59）__。

（59）A．"LIKE **"　　B．"LIKE ##"　　C．"LIKE ??"　　D．LIKE "??"

试题（59）分析

本题考查数据库处理基础知识（Access）。

要查询所有姓名为 2 个汉字的学生记录，由于"？"代表任意一个字符，所以在准则中应输入 LIKE "？？"。

参考答案

（59）D

试题（60）

某金融企业正在开发移动终端非现场办公业务，为控制数据安全风险，采取的数据安全措施中并不包括__（60）__。

（60）A．身份认证　　　　　　　　B．业务数据存取权限控制
　　　 C．传输加密　　　　　　　　D．数据分散存储于各网点

试题（60）分析

本题考查信息安全基础知识。

数据分散存储时，数据的安全性不容易控制，风险增大。

参考答案

（60）D

试题（61）

良好的手机使用习惯不包括__（61）__。

（61）A．设置手机开机密码　　　　B．不扫描街头推销用的二维码
　　　 C．开会时将手机关机　　　　D．废弃手机前清除其中的内容

试题（61）分析

本题考查信息安全基础知识。

开会时可以将手机调成振动的，或音量调成最小（无声）。

参考答案

（61）C

试题（62）

计算机受病毒感染主要是__（62）__。

（62）A．接收外来信息时被感染　　B．因硬件损坏而被感染
　　　 C．增添硬件设备时被感染　　D．因操作不当而被感染

试题（62）分析

本题考查信息安全基础知识。

计算机受病毒感染主要是接收外来信息时被感染（如某些电子邮件、外来U盘、不明网站的浏览等）。

参考答案

（62）A

试题（63）

企业制定数据处理流程规范的主要目的不包括 __(63)__ 。

（63）A．定岗定责，使工作井井有条，避免混乱，提高处理效率，保证数据质量
　　　B．建立数据录入、校验、更新、备份、保管、检索等制度，加强数据管理
　　　C．记录日志，便于检查、考核，防止数据泄露和篡改，出了问题便于追责
　　　D．有利于向上级汇报与对外宣传，提高员工的积极性，创建企业良好形象

试题（63）分析

本题考查信息技术法规基础知识。

企业制定数据处理流程规范的主要目的是提高数据处理的工作效率、提高数据质量和安全性，主要不是为了向上级汇报或向社会展现。

参考答案

（63）D

试题（64）

《信息技术 汉字字型要求和检测方法》（GB/T 11460—2009）属于 __(64)__ 。

（64）A．国际标准　　　B．国家强制标准　　　C．国家推荐标准　　　D．行业标准

试题（64）分析

本题考查信息技术法规基础知识。

标准代码中，GB表示国标，T表示推荐。

参考答案

（64）C

试题（65）

为定量评估某试卷难度，以下做法中，一般不会选用 __(65)__ 。

（65）A．以平均得分率表示试卷难度
　　　B．以平均及格率表示试卷难度
　　　C．以平均解答长度来衡量试卷难度
　　　D．由一批教师为试卷难度打分，计算平均分

试题（65）分析

本题考查信息处理实务知识。

试题难易与解答长短不是一个概念，有时并不一致。

参考答案

（65）C

试题（66）

　　数据分析处理过程中，有时会有意或无意地选择偏好某些数据，从而导致处理结果出现偏差。这种偏差属于数据迁就偏差。某老牌企业希望展示百年来企业规模的发展情况，以下几种处理方法中，除___(66)___外，都存在数据迁就偏差。

　　(66) A．精心选择若干年份的数据，使其看起来企业一直在不断地迅速发展
　　　　 B．每五年时间段中选择其中的最大规模值，形成企业规模发展折线图
　　　　 C．每五年时间段中计算其中的平均规模值，形成企业规模发展折线图
　　　　 D．先画出逐年规模值发展的折线图，再删除某些下降或波动的折线段

试题（66）分析

　　本题考查信息处理实务知识。
　　每五年时间段中计算其中的平均规模值，形成企业规模发展折线图，这种做法比较真实地反映了企业发展状况。

参考答案

　　(66) C

试题（67）

　　用图表展示数据时，以下关于选用色彩的叙述中，不正确的是___(67)___。

　　(67) A．色彩是帮助人们理解数据的工具　　　B．颜色可以唤起情感的共鸣
　　　　 C．色彩是揭示数据意义的视觉提示　　　D．颜色比数据内容更为重要

试题（67）分析

　　本题考查信息处理实务知识。
　　数据内容比颜色更为重要。

参考答案

　　(67) D

试题（68）

　　人们常根据数据做统计推断，以下___(68)___统计推断的结论肯定不合理、不正确。

　　(68) A．某市规定对每条街道每隔 20 年翻修一次。我上班将路过 20 条街道，因此推断，每天上班都会遇到某条街道正在翻修
　　　　 B．据统计，世界上任何两人的平均距离为 4.74 度（好友关系算是 1 度距离，好友的好友是 2 度距离）
　　　　 C．据统计，每个快乐的朋友，让你也快乐的概率约增加 9%；每个不快乐的朋友，让你快乐的概率约减少 7%
　　　　 D．据统计，一个人在社交圈内与其有紧密联系的人数的上限为 148 人

试题（68）分析

　　本题考查信息处理实务知识。
　　如果每条街道每隔 20 年翻修一次，但翻修的时间只有一个月，那么上班路上遇到翻修的概率也不大。统计推断时需要考虑的重要因素不能短缺。

参考答案

（68）A

试题（69）

数据分析报告是整个数据分析过程的成果。对数据分析报告的要求不包括 __(69)__ 。

(69) A. 数据分析必须全部基于权威部门公开发布的数据
     B. 数据分析的推理要有很强的逻辑性和严谨性
     C. 每项分析都应有结论，而且结论一定要明确
     D. 分析报告要有很强的可读性，尽量图表化

试题（69）分析

本题考查信息处理实务知识。

数据分析的基础是数据收集，有些数据来自权威部门的发布，有些数据是调查获得的，有些数据是传感器和智能仪表传送过来的。

参考答案

（69）A

试题（70）

某企业需要购买一台应用服务器，要求从主流设备中选购性价比最高者。总工曾对四种主流设备 A～D 的多项性能指标结合本企业应用需求给出了性能综合评分，信息处理技术员小黄进行了询价，并制作了下图。据此，该企业应选购设备 __(70)__ 。

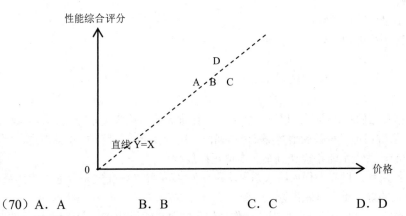

(70) A. A   B. B   C. C   D. D

试题（70）分析

本题考查信息处理实务知识。

在图上，设备的性能/价格表现为设备点（X,Y）与原点（0,0）连线的斜率 Y/X。同一连线上的点性价比相同，连线越靠近 Y 轴则性价比越高。图中，设备 A 的性价比更高。

参考答案

（70）A

试题（71）

__(71)__ are used for backing up large amount of data.

（71）A．Keyboard　　　B．Hard disks　　　C．CPU　　　D．Display

参考译文

硬盘用于备份大量数据。

参考答案

（71）B

试题（**72**）

Computers with the same ___(72)___ can typically use the same software and peripheral devices.

（72）A．CPU　　　B．operating system　　　C．mainboard　　　D．display

参考译文

安装同样操作系统的计算机可以使用同样的软件和外围设备。

参考答案

（72）B

试题（**73**）

You can ___(73)___ a file when you no longer need it.

（73）A．rename　　　B．move　　　C．copy　　　D．delete

参考译文

对于不再需要的文件可以删除。

参考答案

（73）D

试题（**74**）

When you create an account, you are typically asked to enter a username and ___(74)___.

（74）A．key　　　B．keyword　　　C．password　　　D．user ID

参考译文

建立账号时，一般会要求输入用户名和密码。

参考答案

（74）C

试题（**75**）

With ___(75)___ you can communicate in real time with people all around the worlD.

（75）A．web page　　　B．web chat　　　C．web site　　　D．E-mail

参考译文

利用网络聊天人们可以与全世界的人进行实时交流。

参考答案

（75）B

第2章 2017上半年信息处理技术员上机考试试题分析与解答

试题一（共 15 分）

利用系统提供的素材，按题目要求完成后，用 Word 的保存功能直接存盘。

青海湖环湖赛

青海湖国际公路自行车赛（Tour of Qinghai Lake）从 2002 年开始，是中国最高等级，也是亚洲顶级的公路自行车赛事，仅次于环法、环意大利、环西班牙等职业巡回赛，而且它的海拔高度是那些更著名的职业自行车赛无法企及的。

要求：

1. 将文章标题设置为宋体、二号、加粗、居中；正文设置为仿宋、小四。
2. 页面设置为横向，纸张宽度 25 厘米，高度 18 厘米，页面内容居中对齐。
3. 为正文添加双线条的边框，2.25 磅，颜色设置为蓝色。
4. 为"青海湖国际公路自行车赛"添加双线型下画线。
5. 在正文第一自然段后另起一行录入第二段文字：截至 2017 年，已举办十六届，线路也从环湖地区延伸到祁连、张掖、武威、景泰等周边地市，总行程 3139 公里，骑行线路 2002 公里，最高海拔 4120 米。

试题一分析

【考查目的】
- 文字录入及编排。
- 开始菜单的使用。
- 页面布局菜单的使用。

【要点分析】
本题要点：文档字体设置、页面设置、文字录入、边框设置。

【操作的关键步骤】
（1）字体设置。选定文档对象，通过"开始"菜单下的"字体"命令进行文档格式设置。
（2）页面设置。通过"页面布局"菜单下的"页面设置"命令进行设置。
（3）边框设置。通过"页面布局"菜单下的"页面边框"命令进行设置。

参考答案

青海湖环湖赛

青海湖国际公路自行车赛（Tour of Qinghai Lake）从2002年开始，是中国最高等级，也是亚洲顶级的公路自行车赛事，仅次于环法、环意大利、环西班牙等职业巡回赛，而且它的海拔高度是那些更著名的职业自行车赛无法企及的。

截至 2017 年，已举办十六届，线路也从环湖地区延伸到祁连、张掖、武威、景泰等周边地市，总行程3139公里，骑行线路2002公里，最高海拔4120米。

试题二（共 15 分）

用 Word 软件制作如图示的应聘人员登记表。按题目要求完成后，用 Word 的保存功能直接存盘。

应聘人员登记表

应聘部门及职位：					填表时间：	年 月 日	
姓 名		性别		民族		婚否	照片
出生年月		年龄		身高		血型	
政治面貌		期望薪金					
户籍地址					身份证号码		
现住址					联系方式		
最高学历			毕业学校				
毕业时间			专 业			人事档案存放单位	
个人能力及特长							
工作经历	工作单位		职 务		起止时间	薪 金	离职原因
应聘部门意见							
行政人事部意见							

要求：

1. 利用相关工具绘制如图示的应聘人员登记表。
2. 将标题设置为宋体、二号、黑色、加粗、居中；其他文字设置为宋体、小四、黑色。

试题二分析

【考查目的】

- 文字设置和编排。

- 绘制表格。

【要点分析】

本题要点：绘制表格、字体设置、录入文字并进行编排。

【操作的关键步骤】

（1）文字编排。使用"开始"菜单下的"字体"命令进行字号、字体的设置。

（2）表格菜单的使用。使用"插入"菜单下的"表格"命令绘制表格。

参考答案

应聘人员登记表

应聘部门及职位：				填表时间：	年 月 日	
姓　名		性别		民族	婚否	照片
出生年月		年龄		身高	血型	
政治面貌		期望薪金				
户籍地址				身份证号码		
现住址				联系方式		
最高学历			毕业学校			
毕业时间			专　业		人事档案存放单位	
个人能力及特长						
工作经历	工作单位		职　务	起止时间	薪　金	离职原因
应聘部门意见						
行政人事部意见						

试题三（共 15 分）

在 Excel 的 Sheet1 工作表的 A1:I10 单元格内创建"学生成绩表"（内容如下图所示）。按题目要求完成后，用 Excel 的保存功能直接存盘。

	A	B	C	D	E	F	G	H	I
1						学生成绩表			
2	学号	物理	化学	政治	历史	物理化学总成绩	政治历史总成绩	文科或理科	理科人数
3	20170101	98	92	87	76				
4	20170102	89	84	78	76				
5	20170103	88	89	70	76				
6	20170104	78	78	96	95				
7	20170105	99	88	89	92				
8	20170106	66	78	88	86				
9	20170107	59	60	87	90				
10	20170108	55	40	80	89				

要求：

1. 表格要有可视的边框，并将文字设置为宋体、16 磅、居中。
2. 用 SUM 函数计算每名学生的物理化学总成绩，并将计算结果填入对应单元格中。
3. 用 SUM 函数计算每名学生的政治历史总成绩，并将计算结果填入对应单元格中。
4. 用 IF 函数计算每名学生应选择文科或理科，如果物理化学总成绩大于政治历史总成绩，在对应单元格中填入"理科"，否则填入"文科"。
5. 用 COUNTIF 函数统计理科人数，并将统计结果填入对应单元格中。

试题三分析

【考查目的】

- 用 Excel 创建工作表。
- 单元格格式设置。
- 函数计算。

【要点分析】

本题要点：文字的编排（包括字体、字号等）、单元格格式设置、函数计算。

【操作的关键步骤】

（1）文字的编排。使用"开始"菜单下的"字体"命令进行设置。

（2）函数计算。学号 20170101 的学生物理化学总成绩计算函数为："=SUM(B3:C3)"；政治历史总成绩计算函数为："=SUM(D3:E3)"；文科或理科计算函数为："=IF(F3>G3,"理科","文科")"；理科人数统计函数为："=COUNTIF(H3:H10,"理科")"。

参考答案

	A	B	C	D	E	F	G	H	I
1	学生成绩表								
2	学号	物理	化学	政治	历史	物理化学总成绩	政治历史总成绩	文科或理科	理科人数
3	20170101	98	92	87	76	190	163	理科	4
4	20170102	89	84	78	76	173	154	理科	
5	20170103	88	89	70	76	177	146	理科	
6	20170104	78	78	96	95	156	191	文科	
7	20170105	99	88	89	92	187	181	理科	
8	20170106	66	78	88	86	144	174	文科	
9	20170107	59	60	87	90	119	177	文科	
10	20170108	55	40	80	89	95	169	文科	

试题四（共 15 分）

利用系统提供的资料，用 PowerPoint 创意制作演示文稿。按照题目要求完成后，用 PowerPoint 的保存功能直接存盘。

资料：

人生就是如此，总是忙忙碌碌的，却忽略很多，很多，当真正想起的时候，却再也不能找回当年的感觉了。物是人非，斗转星移，很多丢失的，遗忘的，可能都会袭击自己的记忆深处。谁是谁非，过往的经历，都已经烟云，只要现在安好就可。

要求：

1. 正文内容设置为 24 磅、宋体。
2. 演示文稿设置"飞入"动画效果。
3. 在页脚插入备注，内容为"人生就是如此"。

试题四分析

【考查目的】

用 PowerPoint 模板制作演示文稿并对文稿进行"动画效果"设置等。

【要点分析】

本题要点：PowerPoint 的基本操作。

【操作的关键步骤】

（1）熟悉 PowerPoint 的基本操作。

（2）应用"开始"菜单下的"字体"命令设置字体、字号等。

（3）应用"动画"菜单下的"动画"命令进行动画设置。

（4）应用"插入"菜单下的"页脚和页眉"命令插入页脚备注。

参考答案

人生就是如此

试题五（共 15 分）

按照题目要求完成后，用 Access 保存功能直接存盘。

要求：

1. 用 Access 创建"姓名表"（内容如下表）。

工号	姓名
548353	徐达
676262	赵睿鑫
73272	孙娜
8181	吉喆
99595	赫尔冬娜

2. 用 Access 创建"员工信息表"(内容如下表)。

工号	性别	籍贯	出生日期	入职日期
548353	男	哈尔滨	1978/5/28	2003/6/20
676262	男	成都	1983/5/25	2003/6/13
73272	女	杭州	1977/5/8	2003/6/15
8181	男	湖南	1980/1/1	2003/6/3
99595	女	内蒙古	1988/10/13	2003/6/8

3. 通过 Access 的查询功能,生成"员工基本信息情况表"(内容如下表)。

工号	姓名	性别	籍贯	出生日期	入职日期
548353	徐达	男	哈尔滨	1978/5/28	2003/6/20
676262	赵睿鑫	男	成都	1983/5/25	2003/6/13
73272	孙娜	女	杭州	1977/5/8	2003/6/15
8181	吉喆	男	广州	1980/1/1	2003/6/3
99595	赫尔冬娜	女	天津	1988/10/13	2003/6/8

试题五分析
【考查目的】
用 Access 创建表、汇总表和用主键建立关系查询的方法。
【要点分析】
本题要点:在"姓名表""员工信息表"的基础上生成"员工基本信息情况表"。
【操作的关键步骤】
(1)分别建立"姓名表""员工信息表",并选择工号为主键。
(2)选择"数据库工具"菜单下的"关系"命令,在弹出"显示表"对话框中选择,把"姓名表""员工信息表"等通过"添加"按钮加到"关系"表中。

（3）通过编号建立表间联系，选择"姓名表"中的"工号"并拖动鼠标到"员工信息表"的编号，在弹出"编辑关系"对话框中单击"创建"按钮，建立表间联系。

（4）通过"创建"菜单下的"查询设计"命令建立"姓名表""员工信息表"间的关系。

（5）通过"设计"菜单下的"运行"命令生成"员工基本信息情况表"。

参考答案

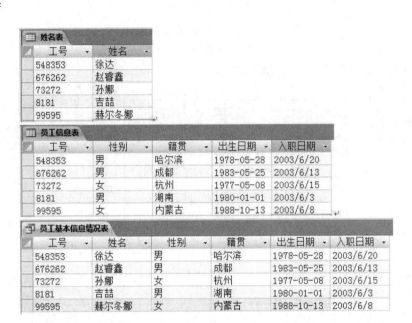

第3章 2017下半年信息处理技术员上午试题分析与解答

试题（1）

以下关于"互联网+"含义的叙述中，__(1)__ 并不恰当。

（1）A．"互联网+"是在网速和带宽方面都有增强和提升的新一代互联网

B．"互联网+"是将互联网深度融合于各领域之中的社会发展新形态

C．"互联网+"是充分发挥互联网在生产要素配置中作用的新经济形态

D．"互联网+"是工业化和信息化两化融合的升级版，是新的发展生态

试题（1）分析

本题考查信息基本概念。

通俗地说，"互联网+"就是"互联网+各个传统行业"，但这并不是简单的两者相加，而是利用信息通信技术以及互联网平台，让互联网与传统行业进行深度融合，创造新的发展生态。

"互联网+"代表一种新的经济形态，即充分发挥互联网在生产要素配置中的优化和集成作用，将互联网的创新成果深度融合于经济社会各领域之中，提升实体经济的创新力和生产力，形成更广泛的以互联网为基础设施和实现工具的经济发展新形态。

参考答案

（1）A

试题（2）

以下关于数据的叙述中，__(2)__ 并不正确。

（2）A．企业讨论决策时应摆数据，讲分析

B．数据是企业中最重要的物质基础

C．企业应努力做到业务数据化，数据业务化

D．只有深刻理解业务，才能正确地分析解读数据，获得结论

试题（2）分析

本题考查信息基本概念。

数据是企业中的信息资源，也是重要的资产。物质材料、能源、信息和智能是人类社会的四大类资源。

参考答案

（2）B

试题（3）

以下关于人工智能的叙述中，正确的是__(3)__。

（3）A．人工智能必将补充和增强人类的能力

B．未来人工智能必将全面超越人类智能
C．人工智能主要由专业的科技人员所用
D．未来所有的工作岗位必将被机器取代

试题（3）分析

本题考查信息基本概念。

人工智能是研究、开发用于模拟、延伸和扩展人的智能的理论、方法、技术及应用系统的一门新的技术科学。人工智能可以代替某些可以形式化的、重复、烦琐、危险的工作，人类将管控人工智能的发展，使其补充和增强人类的能力，防止危害情况的发生。

参考答案

（3）A

试题（4）

下表有 4×7 个单元格，由邻接的多个单元格可拼成矩形块。该表中共有 __(4)__ 个四角上都为 1 的矩形块。

1	1			1	1	
1		1	1	1		
1	1			1	1	
	1			1		1

（4）A．6　　　　B．7　　　　C．10　　　　D．12

试题（4）分析

本题考查初等数学应用基础知识。

用行号（1-4）与列号（1-7）表示一个单元格的坐标，用左上角和右下角两个单元坐标表示一个矩形块。四角上都是 1 的矩形块是所需矩形块。

左上角为 11 的所需矩形块有 4 个，右下角分别为 25，32，35，36；

左上角为 12 的所需矩形块有 3 个，右下角分别为 35，36，45；

左上角为 15 的所需矩形块有 1 个，右下角为 36；

左上角为 21 的所需矩形块有 2 个，右下角分别为 33，35；

左上角为 23 的所需矩形块有 1 个，右下角为 35；

左上角为 32 的所需矩形块有 1 个，右下角为 45。

共有 12 个矩形块。

参考答案

（4）D

试题（5）

某学校男生与女生人数之比为 5:4，因此，男生比女生多百分之 a，女生比男生少百分之 b，其中 a 和 b 分别是 __(5)__ 。

（5）A．20，20　　　B．25，25　　　C．20，25　　　D．25，20

试题（5）分析

本题考查初等数学应用基础知识。

该学校男生与女生人数之比为5:4。若男生人数为5p，则女生人数为4p。以女生为基础，则男生比女生多(5p-4p)/4p=25%。以男生为基础，则女生比男生少p/5p=20%。

参考答案

（5）D

试题（6）

某人以9折后又以2%折扣买了台电脑，实际花了4410元，则其原价为__(6)__元。

（6）A．4950　　　　　B．4990　　　　　C．5000　　　　　D．5010

试题（6）分析

本题考查初等数学应用基础知识。

设这种电脑原价为 x 元，则9折后价格为 $0.9x$ 元，再给2%折扣，价格就为(1-2%)×$0.9x=0.98×0.9x=0.882x$ 元。由 $0.882x=4410$，得到 $x=5000$ 元。

参考答案

（6）C

试题（7）

以下是一批数据的描述性统计量，其中__(7)__反映了数据远离中心的离散程度。

（7）A．平均值　　　B．中位数　　　C．标准差　　　D．众数

试题（7）分析

本题考查信息处理基础知识。

平均值、中位数和众数可以作为这批数据的代表。标准差（均方差）反映了这批数据远离中心的离散程度。

参考答案

（7）C

试题（8）

__(8)__是以沉浸性、交互性和构想性为基本特征的高级人机界面。

（8）A．大数据　　　B．虚拟现实　　　C．物联网　　　D．人工智能

试题（8）分析

本题考查信息处理基础知识。

虚拟现实技术是一种可以创建和体验虚拟世界的计算机仿真系统，它利用计算机生成一种模拟环境，是一种多源信息融合的交互式的三维动态视景和实体行为的系统仿真，使用户沉浸到该环境中。

参考答案

（8）B

试题（9）

获取数据后，为顺利分析数据，需要先进行数据清洗。数据清洗工作一般不包括__(9)__。

（9）A．筛选清除多余重复的数据　　　　　B．将缺失的数据补充完整
　　　C．估计合理值修改异常数据　　　　　D．纠正或删除错误的数据

试题（9）分析

本题考查信息处理基础知识。

异常数据可能是错误数据，也可能是重要的特殊数据，还可能从中有新的发现。不能简单地删除异常数据，也不能主观地去估计合理值来修改数据，应该进行仔细具体的分析，根据不同情况进行处理。

参考答案

（9）C

试题（10）

以交互方式输入职工基本信息表的数据项时，为提高数据质量需要由软件及时进行自动校验，发现问题后提示错误信息并要求重新输入。例如，输入某职工的出生日期（年龄）时，可以做除了__(10)__以外的三种自动校验。

（10）A．数据类型校验　　　B．格式校验　　　C．界限校验　　　D．平衡校验

试题（10）分析

本题考查信息处理基础知识。

职工的出生日期数据一般是日期类型的数据，年龄则是数值类型的数据，具有规定的格式，并有界限限制条件，可根据这些约束条件进行自动校验。平衡校验是对报表数据的一种校验，例如汇总是否正确，收支是否平衡等。

参考答案

（10）D

试题（11）

对一批数据进行质量分析时，需要检查的问题一般不包括__(11)__。

（11）A．是否已获取了数据分析所需的各个方面的数据
　　　B．数据内在的逻辑关系是否满足，有没有不一致
　　　C．数据是否具有可追踪性，并向使用者进行解释
　　　D．整数是否精确到个位，小数是否精确到百分位

试题（11）分析

本题考查信息处理基础知识。

数据精确度需要根据实际情况以及应用要求确定。人口数量是整数，可能精确到百位或千位。占比是小数，可能精确到千分位。

参考答案

（11）D

试题（12）

以下关于数据可视化展现的叙述中，不正确的是__(12)__。

（12）A．数据可视化借助于图形化手段，清晰有效地传达与沟通信息
　　　B．我们要选择合适的图表类型，并以易于理解的方式呈现信息
　　　C．数据可视化将推动数据思维升华，发现数据中新的业务逻辑
　　　D．数据可视化应尽量采用3D、动画、阴影以及色彩斑斓的形式

试题（12）分析

本题考查信息处理基础知识。

数据可视化注重实际的作用，形式要服从目标和主题展现要求。

参考答案

（12）D

试题（13）

撰写数据分析报告的原则不包括__(13)__。

(13) A．需要有一个好的文档框架，结构要清晰、层次要分明
　　　B．要图文并茂、生动活泼，让读者一目了然，启发思考
　　　C．为确保分析科学严谨，采用的分析方法需要进行严格证明
　　　D．要有明确的结论，找出问题，并提出建议和解决方案

试题（13）分析

本题考查信息处理基础知识。

数据分析报告需要说明分析的方法，但方法的证明是基础科学的内容，无需在报告中详细写出。

参考答案

（13）C

试题（14）

某数字校园平台的应用架构包括用户层和以下四层，操作系统属于__(14)__。

(14) A．基础设施层　　　B．支撑平台层　　　C．应用层　　　D．表现层

试题（14）分析

本题考查信息处理基础知识。

计算机硬件、网络、操作系统等属于平台的基础设施。

参考答案

（14）A

试题（15）

对新买的计算机需要记录保存的硬件主要参数中，不包括__(15)__。

(15) A．CPU 型号　　　B．主存容量　　　C．磁盘容量　　　D．鼠标型号

试题（15）分析

本题考查计算机基础知识。

鼠标型号不属于计算机硬件的主要参数。

参考答案

（15）D

试题（16）

计算机主机箱上的 VGA 接口用于连接__(16)__。

(16) A．键盘　　　B．鼠标　　　C．显示器　　　D．打印机

试题（16）分析

本题考查计算机基础知识。

VGA 接口是计算机与显示器连接常用的一种接口。

参考答案

（16）C

试题（17）

扫描仪的主要技术指标不包括 __(17)__ 。

（17）A．分辨率　　　B．扫描幅面　　　C．扫描速度　　　D．缓存容量

试题（17）分析

本题考查计算机基础知识。

缓存容量是操作系统为许多 I/O 设备设置的，并不是扫描仪的技术指标。

参考答案

（17）D

试题（18）

计算机操作系统的功能不包括 __(18)__ 。

（18）A．管理计算机系统的资源　　　B．调度控制程序的执行
　　　 C．实现用户之间的相互交流　　　D．方便用户操作

试题（18）分析

本题考查计算机基础知识。

用户之间的交流（例如社交聊天软件）属于应用软件的功能。

参考答案

（18）C

试题（19）

Windows 控制面板的功能不包括 __(19)__ 。

（19）A．选择设置屏幕分辨率　　　B．卸载不再需要的应用程序
　　　 C．升级操作系统版本　　　　D．查看网络状态和任务

试题（19）分析

本题考查计算机基础知识。

升级操作系统并不是控制面板的功能。

参考答案

（19）C

试题（20）

以下文件类型中，__(20)__ 表示视频文件。

（20）A．mp3　　　B．mp4　　　C．jpg　　　D．gif

试题（20）分析

本题考查计算机基础知识。

常用的视频文件类型包括 avi、mp4 等。

参考答案

（20）B

试题（21）

计算机网络的功能不包括___（21）___。

（21）A．资源共享　　B．信息交流　　C．安全保护　　D．分布式处理

试题（21）分析

本题考查计算机基础知识。

安全保护不是计算机网络本身的功能，而是计算机网络应配备的设施。

参考答案

（21）C

试题（22）

___（22）___是指在计算机网络中，通信双方为了实现通信而设计的需共同遵守的规则、标准和约定。

（22）A．网络协议　　B．网络架构　　C．网络基础设施　　D．网络参考模型

试题（22）分析

本题考查计算机基础知识。

计算机网络之所以能实现信息通信，就是因为有网络协议，即通信双方共同遵守的规则、标准和约定。

参考答案

（22）A

试题（23）

在 Internet 上对每一台计算机的区分，是通过___（23）___来识别的。

（23）A．计算机的登录名　　　　B．计算机的域名
　　　C．计算机用户名　　　　　D．IP 地址

试题（23）分析

本题考查计算机基础知识。

互联网上对计算机的识别最终是通过 IP 地址来实现的。计算机域名需要通过域名解析程序，将其转换成 IP 地址后再进行识别。

参考答案

（23）D

试题（24）

以下关于全角和半角的叙述中，___（24）___不正确。

（24）A．半角字符指小写字母和汉字简体，全角字符指大写字母和汉字繁体
　　　B．在屏幕上，全角字符显示的宽度为半角字符的两倍
　　　C．在磁盘内存储的文档中，每个半角字符占用一个字节
　　　D．在磁盘内存储的文档中，每个全角字符占用两个字节

试题（24）分析

本题考查计算机基础知识。

半角字符是指显示宽度只有一半的字符，常用于英文字符显示。

参考答案

（24）A

试题（25）

在默认情况下，按快捷键"__(25)__"可切换中英文输入方法。

（25）A．Ctrl+空格　　　B．Ctrl+ Shift　　　C．Alt+空格　　　D．Shift+空格

试题（25）分析

本题考查计算机基础知识。

人们常用快捷键"Ctrl+空格"切换中英文输入方法。

参考答案

（25）A

试题（26）

在 Internet 上，为将一封电子邮件同时发往多个地址时，各邮件地址之间用符号__(26)__分隔。

（26）A．";"　　　B．"."　　　C．","　　　D．"/"

试题（26）分析

本题考查计算机基础知识。

在 Internet 上，为将一封电子邮件同时发往多个地址时，各邮件地址之间用分号分隔。

参考答案

（26）A

试题（27）

静电对计算机设备的危害较大。静电与机房环境的__(27)__关系很大。

（27）A．温度太低　　　B．湿度太低　　　C．灰尘太大　　　D．电磁场太强

试题（27）分析

本题考查计算机基础知识。

如果机房湿度太低，过于干燥，则容易引起静电，击穿集成电路板。

参考答案

（27）B

试题（28）

计算机使用时需要注意的事项中不包括__(28)__。

（28）A．不要让液体流入计算机设备内

　　　B．不要同时打开太多应用程序，用毕及时关闭

　　　C．不要同时运行多种杀毒软件

　　　D．不要用同一种 Office 软件同时处理多个文档

试题（28）分析

本题考查计算机基础知识。

用 Office 软件同时处理多个文档是常见的做法。

参考答案

（28）D

试题（29）

计算机使用了一段时间后，系统磁盘空间不足，系统启动时间变长，系统响应延迟，应用程序运行缓慢，为此，需要对系统进行优化。系统优化工作不包括__（29）__。

（29）A．终止没有响应的程序　　　　B．断开目前未用设备的连接
　　　 C．加大虚拟内存　　　　　　　　D．磁盘清理和磁盘碎片整理

试题（29）分析

本题考查计算机基础知识。

人们常用系统优化工具对系统进行优化。目前未用的设备只要不加电，可以不用断开连接。不加电是为了节能，不属于优化工作。

参考答案

（29）B

试题（30）

下列选项中，不属于计算机外部设备的是__（30）__。

（30）A．显卡　　　B．摄像头　　　C．移动硬盘　　　D．打印机

试题（30）分析

本题考查计算机基础知识。

显卡安装在机箱内，插在主板上，属于接口设备，用于连接显示器。

参考答案

（30）A

试题（31）

下列选项中，不属于计算机日常维护性操作的是__（31）__。

（31）A．删除 Internet 临时文件　　　　B．对硬盘进行文件碎片整理
　　　 C．对重要文件进行备份　　　　　D．更换 Windows 的桌面主题

试题（31）分析

本题考查计算机基础知识。

更换 Windows 的桌面主题属于个性化设置，不属于日常维护性操作。

参考答案

（31）D

试题（32）

在 Windows 7 的回收站中，可以恢复__（32）__。

（32）A．被剪切掉的文档段落　　　　　B．从硬盘中删除的文件或文件夹
　　　 C．从 U 盘中删除的文件或文件夹　D．从光盘中删除的文件或文件夹

试题（32）分析

本题考查计算机基础知识。

从硬盘中删除的文件或文件夹默认放入回收站中，需要时可以恢复到原来的位置。

参考答案

（32）B

试题（33）

如果 U 盘感染了病毒，且 U 盘中的内容可以废弃，为防止该病毒传染到计算机系统，正确的措施是 __(33)__ 。

(33) A．将 U 盘重新格式化　　　　B．给该 U 盘加上写保护
　　　C．将 U 盘放一段时间后再使用　D．删除该 U 盘上所有内容

试题（33）分析

本题考查计算机基础知识。

将 U 盘重新格式化不但彻底删除了 U 盘中的所有文件，还删除了 U 盘引导区中的信息，将 U 盘初始化为出厂的状态，从而彻底删除了其中的病毒。

参考答案

（33）A

试题（34）

在 Windows 7 中，回收站是 __(34)__ 。

(34) A．内存中的一部分存储区域
　　　B．硬盘上的一部分存储区域
　　　C．主板上的一块存储区域
　　　D．CPU 高速缓冲存储器的一部分存储区域

试题（34）分析

本题考查计算机基础知识。

在 Windows 中，回收站是硬盘上的一个区域，关机后仍保留其中的信息。

参考答案

（34）B

试题（35）

"Windows 是一个多任务操作系统"指的是 __(35)__ 。

(35) A．Windows 可运行多种类型各异的应用程序
　　　B．Windows 可供多个用户同时使用
　　　C．Windows 可同时运行多个应用程序
　　　D．Windows 可同时管理多种资源

试题（35）分析

本题考查计算机基础知识。

多任务操作系统可同时运行多个应用程序。

参考答案

（35）C

试题（36）

使用 IE 浏览器上网时，可以把喜欢的网页保存到__(36)__中，以便于再次浏览。

(36) A．历史　　　　　B．收藏夹　　　　C．主页　　　　D．Cookie

试题（36）分析

本题考查计算机基础知识。

浏览器的收藏夹可以存放所需保存的网页的 URL（在网上用统一的格式描述指定资源的位置），以便在需要时可直接选择再次浏览。

参考答案

（36）B

试题（37）

下列关于计算机病毒的说法中错误的是__(37)__。

(37) A．目前传播计算机病毒的主要途径是 Internet
　　　B．所有的计算机病毒都是程序代码
　　　C．计算机病毒既可以感染可执行程序，也可以感染 Word 文档或图片文件
　　　D．完备的数据备份机制是防止感染计算机病毒的根本手段

试题（37）分析

本题考查计算机基础知识。

数据备份的作用是在数据被破坏后，利用备份来恢复，并不能防止病毒感染。

参考答案

（37）D

试题（38）

在 Windows 7 中，磁盘文件类型可以根据__(38)__来识别。

(38) A．文件的大小　　　　　　B．文件的用途
　　　C．文件的扩展名　　　　　D．文件的存放位置

试题（38）分析

本题考查计算机基础知识。

在 Windows 中，磁盘文件的扩展名（后缀名）指明了文件类型。它可以与相应的应用程序建立关联，以便在双击文件名时自动启动相应的应用程序来处理。文件类型也常用于文件的分类排序。

参考答案

（38）C

试题（39）

在 Word 2007 中，如果在输入的文字或标点下面出现红色波浪线，则表示__(39)__。

(39) A．拼写或语法错误　　　　　B．句法错误
　　　C．系统错误　　　　　　　　D．文字设置错误

试题（39）分析

本题考查文字处理基础知识。

在 Word 2007 中，如果输入的文字有拼写或语法错误，则会在其下面标有红色波浪线，提示用户注意检查，若有错误则进行修改。

参考答案

（39）A

试题（40）

在 Word 2007 中，如果有前后两个文字段落且每个段落的格式不同，当删除前一个段落末尾结束标记时，则 __(40)__ 。

(40) A．仍保持为两个段落，且各自的格式不变

B．两个段落合并为一段，而原先各段落的格式自动变为文档默认格式

C．两段文字合并为一段，且各自的格式不变

D．两段文字合并为一段，并采用原来后面段落的格式

试题（40）分析

本题考查文字处理基础知识。

在 Word 2007 中，如果有前后两个文字段落且每个段落的格式不同，当删除前一个段落末尾结束标记时，则两段文字合并为一段，且各自的格式不变。

参考答案

（40）C

试题（41）

下列关于 Word 2007 分栏功能的描述中正确的是 __(41)__ 。

(41) A．最多可以设 6 栏　　　　　　B．各栏的宽度必须相等
C．各栏的宽度可以不同　　　　D．各栏之间的间距是固定不变的

试题（41）分析

本题考查文字处理基础知识。

Word 2007 中，对文字块分栏时，各栏可以设置不同的栏宽。

参考答案

（41）C

试题（42）

在 Word 2007 中，按回车键将产生一个 __(42)__ 。

(42) A．分页符　　　B．分节符　　　C．段落结束符　　　D．换行符

试题（42）分析

本题考查文字处理基础知识。

在 Word 中，按回车键将产生一个段落结束符，默认显示在屏幕上，但打印时，只换行，不显示段落结束符。

参考答案

（42）C

试题（43）

在 Word 2007 中，段落对齐方式不包括 __(43)__ 。

(43) A. 分散对齐　　B. 两端对齐　　C. 居中对齐　　D. 上下对齐

试题（43）分析

本题考查文字处理基础知识。

在 Word 2007 中，段落对齐方式包括：左对齐、右对齐、居中、两端对齐、分散对齐（在左右边距之间均匀分布文本）。

参考答案

(43) D

试题（44）

在 Word 2007 表格编辑中，不能进行的操作是 __(44)__ 。

(44) A. 旋转单元格　　B. 插入单元格　　C. 删除单元格　　D. 合并单元格

试题（44）分析

本题考查文字处理基础知识。

在 Word 2007 表格编辑中，可以插入、删除、合并单元格，但不能旋转单元格。

参考答案

(44) A

试题（45）

在 Word 2007 的编辑状态，打开了一份名为"AAA．docx"的文档，若要将经过编辑后的文档以"BBB．docx"为文件名进行存盘，应当执行"文件"菜单中 __(45)__ 命令。

(45) A. 保存　　　　　　　　　　B. 另存为 Word XML 文档
　　　C. 另存为 Word 文档　　　　D. 另存为 Word 97-2003 文档

试题（45）分析

本题考查文字处理基础知识。

在 Word 2007 的文件编辑状态，"另存为 Word 文档"意味着按默认格式（.docx）另存入指定的文件夹。

参考答案

(45) C

试题（46）

下列关于页眉和页脚的叙述中，不正确的是 __(46)__ 。

(46) A. 默认情况下，页眉和页脚适用于整个文档
　　　B. 奇数页和偶数页可以有不同的页眉和页脚
　　　C. 在页眉和页脚中可以设置页码
　　　D. 首页不能设置页眉和页脚

试题（46）分析

本题考查文字处理基础知识。

在 Word 的编辑状态，首页也可以设置页眉和页脚。

参考答案

（46）D

试题（47）

在 Word 2007 文档中，若选定某一行文字后按 Delete 键，将__(47)__。

(47) A．删除选定文字外的所有文字

　　　B．删除选定行文字之后的所有文字

　　　C．删除选定的某一行文字

　　　D．删除选定行文字之前的所有文字

试题（47）分析

本题考查文字处理基础知识。

选定文字块后再按删除键，则会删除该文字块。

参考答案

（47）C

试题（48）

在 Excel 2007 中，如果在 A1 单元格输入"计算机"，在 A2 单元格输入"软件资格考试"，在 A3 单元格输入"=A1&A2"，按回车键后，结果为__(48)__。

(48) A．计算机&软件资格考试　　　B．"计算机"&"软件资格考试"

　　　C．计算机软件资格考试　　　　D．计算机-软件资格考试

试题（48）分析

本题考查电子表格处理基础知识。

公式中的符号"&"表示字符串的接续运算。

参考答案

（48）C

试题（49）

在 Excel 2007 中，删除工作表中与图表隐含链接的数据时，图表__(49)__。

(49) A．不会发生变化

　　　B．将自动删除相应的数据点

　　　C．必须用编辑操作手工删除相应的数据点

　　　D．将与链接的数据一起自动复制到一个新工作表中

试题（49）分析

本题考查电子表格处理基础知识。

在 Excel 中，根据某些区域中的数据制作图表后，图表上的数据点与表格中的数据建立了关联。如果删除了表格中的数据，则图表中的数据点也会自动删除。

参考答案

（49）B

试题（50）

在 Excel 2007 中，下列选项中与函数"=SUM(C4,E4:F5)"等价的公式是__(50)__。

（50）A．=C4+E4+E5+F4+F5　　　　B．=C4+E4+F4+F5
　　　C．=C4+E4+F5　　　　　　　D．=C4+E4+E5+F5

试题（50）分析

本题考查电子表格处理基础知识。

"E4:F5"指的是包含 E4 与 F5 最小的矩形块，即 E4、E5、F4、F5 四个单元格。SUM 表示求和函数。

参考答案

（50）A

试题（51）

在 Excel 2007 的某个单元格中输入"=4^2"，按回车键后，该单元格显示的结果为__（51）__。

（51）A．42　　　　B．8　　　　C．4　　　　D．16

试题（51）分析

本题考查电子表格处理基础知识。

公式"=4^2"表示将进行指数运算 4^2。

参考答案

（51）D

试题（52）

在 Excel 2007 的某个单元格中输入"=56>=57"，按回车键后，该单元格显示的结果为__（52）__。

（52）A．56<57　　　B．=56<57　　　C．True　　　D．False

试题（52）分析

本题考查电子表格处理基础知识。

公式"=56>=57"表示将根据判断"56≥57"是否成立，获得结果 True 或 False。

参考答案

（52）D

试题（53）

在 Excel 2007 的 A1 单元格中输入函数"=RIGHT("CHINA",1)"，按回车键后，则 A1 单元格中的值为__（53）__。

（53）A．C　　　　B．H　　　　C．N　　　　D．A

试题（53）分析

本题考查电子表格处理基础知识。

函数"=RIGHT("CHINA",1)"表示字符串"CHINA"右端的 1 个字符。

参考答案

（53）D

试题（54）

在 Excel 2007 中，若在单元格 A1 中输入函数"=ROUNDUP(3.1415926,2)"，按回车键

后，则 A1 单元格中的值为 (54) 。

(54) A．3.1　　　　B．3.14　　　　C．3.15　　　　D．3.1415926

试题（54）分析

本题考查电子表格处理基础知识。

ROUNDUP 的含义是向上舍入。函数"=ROUNDUP(3.1415926,2)"表示对数据 3.1415926 取两位小数，如果后面还有数字，则需要"入"。

参考答案

(54) C

试题（55）

在 Excel 2007 中，设单元格 A1 中的值为-1，B1 中的值为 1，A2 中的值为 0，B2 中的值为 1，若在 C1 单元格中输入函数"=IF(AND(A1>0,B1>0),A2,B2)"，按回车键后，C1 单元格中的值为 (55) 。

(55) A．-1　　　　B．0　　　　C．1　　　　D．2

试题（55）分析

本题考查电子表格处理基础知识。

逻辑判断"A1>0"的值为假，"B1>0"的值为真，AND(A1>0,B1>0)的值为假，因此函数"=IF(AND(A1>0,B1>0),A2,B2)"的结果就是 B2 的值 1。

参考答案

(55) C

试题（56）

下列关于 PowerPoint 2007 内置主题的描述中，正确的是 (56) 。

(56) A．可以定义版式、背景样式、文字格式

　　　B．可以定义版式，但不可以定义背景样式、文字格式

　　　C．不可以定义版式，但可以定义背景样式、文字格式

　　　D．可以定义版式和背景样式，但不可以定义文字格式

试题（56）分析

本题考查演示文稿处理基础知识。

PowerPoint 2007 内置主题可以定义版式，但不能定义背景样式和文字格式。

参考答案

(56) B

试题（57）

在 PowerPoint 2007 中，如果幻灯片上所插入的图片盖住了先前输入的文字，则可使用右键快捷菜单中的 (57) 命令来调整。

(57) A．设置图片格式　　B．组合　　C．叠放次序　　D．添加文本

试题（57）分析

本题考查演示文稿处理基础知识。

如果多个对象放的位置有覆盖时，可以用右键快捷菜单中的"叠放次序"命令来调整各

个对象的叠放情况。

参考答案

（57）C

试题（58）

用二维表来表示实体及实体之间联系的数据模型是__(58)__。

（58）A．联系模型　　　B．层次模型　　　C．网状模型　　　D．关系模型

试题（58）分析

本题考查数据库处理基础知识。

关系模型用二维表来表示实体及实体之间的联系。

参考答案

（58）D

试题（59）

在 Access 2007 中，若要想查询所有姓名为 2 个汉字的学生记录，应在准则中输入__(59)__。

（59）A．"LIKE **"　　B．LIKE "**"　　C．"LIKE ??"　　D．LIKE "??"

试题（59）分析

本题考查数据库处理基础知识。

查询中常采用的匹配符号有"*"和"?"。"?"代表任意一个字符，"*"代表任意多个字符。

参考答案

（59）D

试题（60）

以下关于信息安全的叙述中，__(60)__并不正确。

（60）A．信息安全已经上升到国家战略层面

　　　B．海陆空天网五大疆域体现国家主权

　　　C．信息安全体系要确保百分之百安全

　　　D．信息安全措施需三分技术七分管理

试题（60）分析

本题考查信息安全基础知识。

信息安全难以做到百分之百安全，只能尽量确保安全。

参考答案

（60）C

试题（61）

使用盗版软件的危害性一般不包括__(61)__。

（61）A．来历不明的盗版软件可能带有恶意代码

　　　B．发现问题后得不到服务，难以修复漏洞

　　　C．可能带来法律风险，也会引发信息泄露

D．没有使用手册，非专业人员难于操作

试题（61）分析

本题考查信息安全基础知识。

现在的软件一般都容易操作，盗版软件的危害性不在此处。

参考答案

（61）D

试题（62）

对多数企业而言，企业数据资产安全体系建设的原则不包括__（62）__。

（62）A．安全与易用兼顾　　　　　　　B．技术与管理配合

　　　C．管控与效率平衡　　　　　　　D．购买与开发并重

试题（62）分析

本题考查信息安全基础知识。

购买软件还是自行开发主要取决于开发技术队伍以及开发价格。为了确保安全，有时要求自行开发，有时要求购买更完善的软件。购买与开发并重与安全无关。

参考答案

（62）D

试题（63）

《信息安全技术云计算服务安全指南》（GB/T 31167—2014）属于__（63）__。

（63）A．国际标准　　　B．国家强制标准　　　C．国家推荐标准　　　D．行业标准

试题（63）分析

本题考查标准与法规基础知识。

标准的编号中，GB 表示国标，T 表示推荐。

参考答案

（63）C

试题（64）

企业信息处理流程规范中不包括__（64）__。

（64）A．制定分阶段的工作计划和要求　　　B．每个阶段实施时做好质量控制

　　　C．每个阶段结束前做好数据校验　　　D．每个阶段结束后组织考核评估

试题（64）分析

本题考查标准与法规基础知识。

一般来说，信息处理工作每个阶段结束后，不会进行考核评估（至多在项目全部完成后进行评估）。

参考答案

（64）D

试题（65）～（67）

某企业的大数据工程项目包括如下四个阶段的工作：①数据获取，②数据清洗与整理，③数据分析，④数据展现。一般来说，工作量较大、花费时间较长的阶段是__（65）__，技术

含量最高的阶段是__(66)__，准备向有关部门递交成果的阶段是__(67)__。

(65) A. ①② B. ③ C. ④ D. ③④
(66) A. ① B. ② C. ③ D. ④
(67) A. ① B. ② C. ③ D. ④

试题（65）～（67）分析

本题考查信息处理实务基础知识。

大数据工程项目中，数据收集和数据清洗整理工作最费时间，工作量很大。技术性最强的阶段是数据分析，需要数据分析师来做。将数据分析成果用可视化形式来展现是最后阶段的工作。

参考答案

（65）A　（66）C　（67）D

试题（68）

设某数值型字段中的最小值是 min，最大值是 max，则该字段中的任一值 x 经过 $y=$__(68)__ 变换后，其新的值 y 都位于区间[0,1]中。这种做法称为 0-1 标准化，有利于同类数据的比较。

(68) A. $(x-\min)/\max$ B. $x*\min/\max$
     C. $(x-\min)/(\max-x)$ D. $(x-\min)/(\max-\min)$

试题（68）分析

本题考查信息处理实务基础知识。

变换函数 $y=(x-\min)/(\max-\min)$ 将 $x=\min$ 变换成 $y=0$，将 $x=\max$ 变换成 $y=1$，将区间（min，max）中的任一 x 值变换成（0,1）之间的一个值。

参考答案

（68）D

试题（69）

某计算机房夏季的环境温度要求控制在 28℃至 32℃，该范围可简写为__(69)__。

(69) A. 28℃±2℃ B. 28℃±4℃ C. 30℃±2℃ D. 30℃±4℃

试题（69）分析

本题考查信息处理实务基础知识。

30℃±2℃表示温度允许范围：最低 30℃-2℃=28℃，最高 30℃+2℃=32℃。

参考答案

（69）C

试题（70）

撰写数据分析报告时，如何用图正确地展现数据，需要考虑的问题中，不包括__(70)__。

(70) A. 绘图选用的数据源是否正确
　　　B. 度量以及标记是否合适
　　　C. 图的形式是否会误导读者
　　　D. 图的形式是否独特新颖

试题（70）分析

本题考查信息处理实务基础知识。

展现数据的形式应服从主题内容以及展现的目标要求，让人易于理解，不能单纯追求独特新颖。

参考答案

（70）D

试题（71）

A ___(71)___ is a desktop or notebook size computing device.

（71）A．microcomputer　　　　　B．minicomputer
　　　C．mainframe computer　　　D．supercomputer

参考译文

微型计算机是台式或笔记本大小的计算设备。

参考答案

（71）A

试题（72）

Computer ___(72)___ is used to temporarily store data.

（72）A．CPU　　B．memory　　C．keyboard　　D．disk

参考译文

计算机内存用于临时存储数据。

参考答案

（72）B

试题（73）

___(73)___ acts as an interface between computer hardware and users.

（73）A．Operating system　　　B．Application software
　　　C．USB　　　　　　　　　D．MODEM

参考译文

操作系统是计算机硬件与用户之间的接口。

参考答案

（73）A

试题（74）

Operations ___(74)___ is a document that describes in detail the processes that users operate the software.

（74）A．paper　　B．book　　C．menu　　D．manual

参考译文

操作手册是详细描述用户操作使用软件过程的文档。

参考答案

（74）D

试题(75)

　　__(75)__ enables users to search, access, and download information from Internet.
　　(75) A．E-mail　　　　　B．OA　　　　　C．WWW　　　　　D．AI

参考译文

　　万维网（WWW 服务）使用户能从互联网上搜索、存取和下载信息。

参考答案

　　(75) C

第4章　2017下半年信息处理技术员上机考试试题分析与解答

试题一（共15分）
　　利用系统提供的素材，按题目要求完成后，用Word的保存功能直接存盘。
山地之旅——贵州
　　贵州，这个被称为"地无三尺平"的地方，是中国唯一没有平原的省份，开门即见山。即便是省城贵阳，也是群山环伺。在贵州的山景中，最具观赏性、最独特是两种地貌—喀斯特峰林与丹霞山。
　　要求：
　　1．将文章标题设置为宋体、二号、加粗、居中；正文设置为宋体、小四。
　　2．将正文间距设置为段前1行，段后1行，1.5倍行距。
　　3．为正文添加边框，3磅，颜色设置为红色，底纹填充图案，样式：35%。
　　4．为文档添加灰色-25%"喀斯特与丹霞"文字水印，楷体，半透明，斜式。
　　5．在正文第一自然段后另起行录入第二段文字：它们分据黔地的一南一北，并一起获得了世界自然遗产的封号，这也使得人们不惜纵穿贵州全境，分头拜谒荔波的喀斯特和赤水丹霞。

试题一分析
【考查目的】
- 文字录入及编排。
- 开始菜单的使用。
- 页面布局菜单的使用。

【要点分析】
　　本题要点：文档字体设置、页面设置、文字录入、边框设置、水印设置。
【操作的关键步骤】
　　（1）字体设置。选定文档对象，通过"开始"菜单下的"字体"命令进行文档格式设置。
　　（2）页面设置。通过"页面布局"菜单下的"段落"命令进行设置。
　　（3）边框设置。通过"页面布局"菜单下的"页面边框"命令进行设置。
　　（4）水印设置。通过"页面布局"菜单下的"水印"命令进行设置。

参考答案

山地之旅——贵州

> 贵州,这个被称为"地无三尺平"的地方,是中国唯一没有平原的省份,开门即见山。即便是省城贵阳,也是群山环伺。在贵州的山景中,最具观赏性、最独特是两种地貌—喀斯特峰林与丹霞山。
>
> 它们分据黔地的一南一北,并一起获得了世界自然遗产的封号,这也使得人们不惜纵穿贵州全境,分头拜谒荔波的喀斯特和赤水丹霞。

试题二(共 15 分)

用 Word 软件制作如图示的面试评定表。按题目要求完成后,用 Word 的保存功能直接存盘。

面试评定表

姓名		性别		年龄	
应聘职位		所属部门		面试人	
评价要素	评定等级				
	1(差)	2(较差)	3(一般)	4(较好)	5(好)
求职动机					
仪表风度					
语言表达					
专业知识					
工作经验					
人际交往					
情绪控制					
逻辑分析					
应变能力					
评价	□建议录用		□建议不录用		

要求:
1. 利用相关工具绘制如图示的面试评定表。
2. 将标题设置为楷体、二号、黑色、加粗、居中;其他文字设置为宋体、五号、黑色。

试题二分析

【考查目的】
- 文字设置和编排。
- 绘制表格。

【要点分析】

本题要点：绘制表格、字体设置、录入文字并进行编排。

【操作的关键步骤】

（1）文字编排。使用"开始"菜单下的"字体"命令进行字号、字体的设置。

（2）表格菜单的使用。使用"插入"菜单下的"表格"命令绘制表格。

参考答案

面试评定表

姓名		性别		年龄	
应聘职位		所属部门		面试人	
评价要素	评定等级				
	1（差）	2（较差）	3（一般）	4（较好）	5（好）
求职动机					
仪表风度					
语言表达					
专业知识					
工作经验					
人际交往					
情绪控制					
逻辑分析					
应变能力					
评价		□建议录用		□建议不录用	

试题三（共 15 分）

在 Excel 的 Sheet1 工作表的 A1:D16 单元格内创建"期中考试数学成绩表"（内容如下图所示）。按题目要求完成后，用 Excel 的保存功能直接存盘。（表格没创建在指定区域将不得分）

	A	B	C	D
1	期中考试数学成绩表			
2	学号	成绩	学号	成绩
3	201701	85	201711	99
4	201702	89	201712	96
5	201703	54	201713	63
6	201704	79	201714	67
7	201705	59	201715	56
8	201706	84	201716	48
9	201707	81	201717	74
10	201708	83	201718	68
11	201709	82	201719	69
12	201710	64	201720	78
13	<60人数			
14	≥90人数			
15	及格率			
16	最高分			

要求：
1. 表格要有可视的边框，并将文字设置为宋体、16 磅、居中。
2. 在相应单元格内用 SUM、COUNTIF 函数计算小于 60 分的人数。
3. 在相应单元格内用 SUM、COUNTIF 函数计算大于等于 90 分的人数。
4. 在相应单元格内用 SUM、COUNTIF、COUNT 函数计算及格率（大于等于 60 分为及格），计算结果用百分比形式表示，保留 1 位小数。
5. 在相应单元格内用 MAX 函数计算最高分。

试题三分析
【考查目的】
- 用 Excel 创建工作表。
- 单元格格式设置。
- 函数计算。

【要点分析】
本题要点：文字的编排（包括字体、字号等）、单元格格式设置、函数计算。

【操作的关键步骤】
（1）文字的编排。使用"开始"菜单下的"字体"命令进行设置。
（2）函数计算。小于 60 分的人数计算函数为："=SUM(COUNTIF(B3:B12,"<60"),COUNTIF(D3:D12,"<60"))"；大于等于 90 分的人数计算函数为："=SUM(COUNTIF(B3:B12,">=90"),COUNTIF(D3:D12,">=90"))"；及格率计算函数为："=SUM(COUNTIF(B3:B12,">=60"),COUNTIF(D3:D12,">=60"))/SUM(COUNT(B3:B12),COUNT(D3:D12))"；最高分计算函数为："=MAX(MAX(B3:B12),MAX(D3:D12))"。

参考答案

	A	B	C	D
1	期中考试数学成绩表			
2	学号	成绩	学号	成绩
3	201701	85	201711	99
4	201702	89	201712	96
5	201703	54	201713	63
6	201704	79	201714	67
7	201705	59	201715	56
8	201706	84	201716	48
9	201707	81	201717	74
10	201708	83	201718	68
11	201709	82	201719	69
12	201710	64	201720	78
13	<60人数	4		
14	≥90人数	2		
15	及格率	80.0%		
16	最高分	99		

试题四（共 15 分）
利用系统提供的资料，用 PowerPoint 创意制作演示文稿。按照题目要求完成后，用 PowerPoint 的保存功能直接存盘。

资料：

临洞庭上张丞相

孟浩然

八月湖水平，涵虚混太清。
气蒸云梦泽，波撼岳阳城。
欲济无舟楫，端居耻圣明。
坐观垂钓者，徒有羡鱼情。

要求：
1. 标题和作者名字设置为 32 磅、宋体；正文内容设置为 24 磅、宋体。
2. 为标题、作者和正文每句设置飞入动画效果进入。
3. 在页脚插入备注，内容为"临洞庭上张丞相"。

试题四分析
【考查目的】
用 PowerPoint 模板制作演示文稿并对文稿进行"动画效果"设置等。
【要点分析】
本题要点：PowerPoint 的基本操作。
【操作的关键步骤】
（1）熟悉 PowerPoint 的基本操作。
（2）应用"开始"菜单下的"字体"命令设置字体、字号等。
（3）应用"动画"菜单下的"动画"命令进行动画设置。
（4）应用"插入"菜单下的"页脚和页眉"命令插入页脚备注。

参考答案

临洞庭上张丞相
孟浩然

八月湖水平，涵虚混太清。
气蒸云梦泽，波撼岳阳城。
欲济无舟楫，端居耻圣明。
坐观垂钓者，徒有羡鱼情。

临洞庭上张丞相

试题五（共 15 分）
按照题目要求完成后，用 Access 保存功能直接存盘。

要求：

1. 用 Access 创建"个人表"（内容如下表）。

工号	姓名	职位	公司部门
T01	李清	总监	人力资源部
T02	王萍	主管	人力资源部
T03	王笑	销售代表	销售部
T04	黎明	区域销售代表	销售部
T05	曹莉	主管	企划部

2. 用 Access 创建"考勤记录表"（内容如下表）。

工号	出勤记录
T01	全勤
T02	全勤
T03	病假
T04	事假
T05	全勤

3. 通过 Access 的查询功能，生成"员工考勤统计表"（内容如下表）。

工号	姓名	职位	公司部门	出勤记录
T01	李清	总监	人力资源部	全勤
T02	王萍	主管	人力资源部	全勤
T03	王笑	销售代表	销售部	病假
T04	黎明	区域销售代表	销售部	事假
T05	曹莉	主管	企划部	全勤

试题五分析

【考查目的】

用 Access 创建表、汇总表和用主键建立关系查询的方法。

【要点分析】

本题要点：在"个人表""考勤记录表"的基础上生成"员工考勤统计表"。

【操作的关键步骤】

（1）分别建立"个人表""考勤记录表"，并选择工号为主键。

（2）选择"数据库工具"菜单下的"关系"命令，在弹出"显示表"对话框中选择，把"个人表""考勤记录表"等通过"添加"按钮加到"关系"表中。

（3）通过编号建立表间联系，选择"个人表"中的"工号"并拖动鼠标到"考勤记录表"的编号，在弹出"编辑关系"对话框中单击"创建"按钮，建立表间联系。

（4）通过"创建"菜单下的"查询设计"命令建立"个人表""考勤记录表"间的关系。

（5）通过"设计"菜单下的"运行"命令生成"员工考勤统计表"。

参考答案

个人表

工号	姓名	职位	公司部门
T01	李清	总监	人力资源部
T02	王萍	主管	人力资源部
T03	王笑	销售代表	销售部
T04	黎明	区域销售代表	销售部
T05	曹莉	主管	企划部

考勤记录表

工号	出勤记录
T01	全勤
T02	全勤
T03	病假
T04	事假
T05	全勤

员工考勤统计表

工号	姓名	职位	公司部门	出勤记录
T01	李清	总监	人力资源部	全勤
T02	王萍	主管	人力资源部	全勤
T03	王笑	销售代表	销售部	病假
T04	黎明	区域销售代表	销售部	事假
T05	曹莉	主管	企划部	全勤

第 5 章 2018 上半年信息处理技术员上午试题分析与解答

试题（1）
　　以下关于数据处理的叙述中，不正确的是__(1)__。
　　(1) A. 数据处理不仅能预测不久的未来，有时还能影响未来
　　　　B. 数据处理和数据分析可以为决策提供真知灼见
　　　　C. 数据处理的重点应从技术角度去发现和解释数据蕴涵的意义
　　　　D. 数据处理是从现实世界到数据，再从数据到现实世界的过程

试题（1）分析
　　本题考查信息基础知识。
　　数据处理的重点应从业务角度去发现和解释数据蕴涵的意义。数据处理为决策提供依据，而这种决策往往会影响未来。

参考答案
　　(1) C

试题（2）
　　"互联网+制造"是实施《中国制造 2025》的重要措施。以下对"互联网+制造"主要特征的叙述中，不正确的是__(2)__。
　　(2) A. 数字技术得到普遍应用，设计和研发实现协同与共享
　　　　B. 通过系统集成，打通整个制造系统的数据流、信息流
　　　　C. 企业生产将从以用户为中心向以产品为中心转型
　　　　D. 企业、产品和用户通过网络平台实现联接和交互

试题（2）分析
　　本题考查信息基础知识。
　　"互联网+制造"将促使企业生产从以产品为中心向以用户为中心转型，强调用户参与、用户体验和向用户提供服务。

参考答案
　　(2) C

试题（3）
　　信息技术对传统教育方式带来了深刻的变化。以下叙述中，不正确的是__(3)__。
　　(3) A. 学习者可以克服时空障碍，实现随时、随地、随愿学习
　　　　B. 给学习者提供宽松的、内容丰富的、个性化的学习环境
　　　　C. 通过信息技术与学科教学的整合，激发学生的学习兴趣
　　　　D. 教育信息化的发展使学校各学科全部转型为电子化教育

试题（3）分析

本题考查信息基础知识。

电子化教育是重要的手段，但不能完全代替教师指导和实践训练。

参考答案

（3）D

试题（4）

$n=1,2,3,\cdots,100$ 时，$[n/3]$共有__（4）__个不同的数（$[a]$表示 a 的整数部分，例如$[3.14]=3$）。

（4）A. 33 B. 34 C. 35 D. 100

试题（4）分析

本题考查初等数学应用知识。

$n=1,2,3,\cdots,100$ 时，$[n/3]=0,0,1,1,1,2,2,2,\cdots,32,32,32,33,33$，共有 34 个不同的数。

参考答案

（4）B

试题（5）

某工厂共 40 人参加技能考核，平均成绩 80 分，其中男工平均成绩 83 分，女工平均成绩 78 分。该工厂参加技能考核的女工有__（5）__人。

（5）A. 16 B. 18 C. 20 D. 24

试题（5）分析

本题考查初等数学应用知识。

设该厂女工有 x 人参加技能考核，则男工有 $40-x$ 人参加考核。本次考核的总分$=40\times 80=83（40-x）+78x$。因此，$x=24$。

参考答案

（5）D

试题（6）

$(a+b-|a-b|)/2=$__（6）__。

（6）A. a B. B C. $\min(a,b)$ D. $\max(a,b)$

试题（6）分析

本题考查初等数学应用知识。

若 $a\geq b$，则 $(a+b-|a-b|)/2=b$；若 $a<b$，则 $(a+b-|a-b|)/2=a$。

参考答案

（6）C

试题（7）

在信息收集过程中，需要根据项目的目标把握数据__（7）__要求，既不要纳入过多无关的数据，也不要短缺主要的数据；既不要过于简化，也不要过于烦琐。

（7）A. 适用性 B. 准确性 C. 安全性 D. 及时性

试题（7）分析

本题考查信息处理基础知识。

收集适用的数据,既不短缺,也不多余,降低成本,提高效率。

参考答案

(7) A

试题 (8)

许多企业常把大量暂时不用的过期数据分类归档转存于__(8)__中。

(8) A. ROM   B. 移动硬盘   C. Cache   D. RAM

试题 (8) 分析

本题考查信息处理基础知识。

移动硬盘容量大,易于脱机保存。

参考答案

(8) B

试题 (9)

信息传递的三个基本环节中,信息接收者称为__(9)__。

(9) A. 信源   B. 信道   C. 信标   D. 信宿

试题 (9) 分析

本题考查信息处理基础知识。

信息传递的三个基本环节为:信源、信道和信宿。信源是信息的发送者,信道是信息的传播者,信宿的信息的接收者。

参考答案

(9) D

试题 (10)

数据处理过程中,影响数据精度的因素不包括__(10)__。

(10) A. 显示器的分辨率   B. 收集数据的准确度
   C. 数据的类型   D. 对小数位数的指定

试题 (10) 分析

本题考查信息处理基础知识。

显示器的分辨率影响数据显示的大小和清晰度,与数据精度无关。

参考答案

(10) A

试题 (11)

某商场记录(统计)销售情况的数据库中,对每一种商品采用了国家统一的商品编码。这种做法的好处不包括__(11)__。

(11) A. 节省存储量   B. 确保唯一性
   C. 便于人识别   D. 便于计算机处理

试题 (11) 分析

本题考查信息处理基础知识。

商品标准编码用符号表示名称,长度统一,节省存储量,确保唯一性,也便于计算机处理,但不容易被人识别。打印时,还需要转换成实际的商品名称。

参考答案

(11) C

试题(12)

某地区对高二学生举行了一次数学统考,并按"成绩-人数"绘制了分布曲线。考试成绩呈__(12)__,分布比较合理。

(12) A. 比较平坦的均匀分布　　　　　　B. 两头高中间低的凹形分布
　　　C. 大致逐渐降低的分布　　　　　　D. 两头低中间高的正态分布

试题(12)分析

本题考查信息处理基础知识。

一般来说,学生成绩-人数的分布大致成正态分布:中间成绩的人数较多,特别高分和低分的人数较少,呈现两头低中间高的曲线形态。

参考答案

(12) D

试题(13)

数据分析工具的__(13)__特性是指它能导入和导出各种常见格式的数据文件或分析结果。

(13) A. 硬件兼容性　　　　　　　　　　B. 软件兼容性
　　　C. 数据兼容性　　　　　　　　　　D. 应用兼容性

试题(13)分析

本题考查信息处理基础知识。

数据兼容性意味着能处理多种格式的数据。

参考答案

(13) C

试题(14)

某数字校园平台的系统架构包括用户层和以下四层。制作各种可视化图表的工具属于的__(14)__。

(14) A. 基础设施层　　B. 支撑平台层　　C. 应用层　　D. 表现层

试题(14)分析

本题考查信息处理基础知识。

系统架构的最高层是用户直接用的。可视化图表工具是用户直接用来展现数据的。

参考答案

(14) D

试题(15)

微机CPU的主要性能指标不包括__(15)__。

(15) A. 主频　　　　　B. 字长　　　　　C. 芯片尺寸　　　D. 运算速度

试题(15)分析

本题考查计算机基础知识。

芯片尺寸与性能关系不大。芯片只要能与主板契合，性能价格比好就可以。

参考答案

(15) C

试题（16）

I/O 设备表示__(16)__。

(16) A．录音播放设备　　　　　　B．输入输出设备
　　　C．录像播放设备　　　　　　D．扫描复印设备

试题（16）分析

本题考查计算机基础知识。

I/O 是 Input/Output（输入/输出）的缩写。

参考答案

(16) B

试题（17）

以下设备中，__(17)__属于输出设备。

(17) A．扫描仪　　　B．键盘　　　C．鼠标　　　D．打印机

试题（17）分析

本题考查计算机基础知识。

打印机的功能是将计算机运行的结果打印出来，当然属于输出设备。

参考答案

(17) D

试题（18）

__(18)__不属于基础软件。

(18) A．操作系统　　　　　　　　　B．办公软件
　　　C．计算机辅助设计软件　　　　D．通用数据库系统

试题（18）分析

本题考查计算机基础知识。

操作系统和办公软件等是几乎所有计算机都需要用的，属于基础软件。计算机辅助设计软件则仅供部分应用单位使用，属于应用软件。

参考答案

(18) C

试题（19）

以下文件类型中，__(19)__表示视频文件。

(19) A．wav　　　　B．avi　　　　C．jpg　　　　D．gif

试题（19）分析

本题考查计算机基础知识。

文件类型 avi 表示视频文件，wav 表示音频文件，jpg 和 gif 表示图像文件。

参考答案

（19）B

试题（20）

以下关于 Windows 7 文件名的叙述中，__（20）__ 是正确的。

（20）A．文件名中间可包含换行符　　　B．文件名中可以有多种字体
　　　C．文件名中可以有多种字号　　　D．文件名中可以有汉字和字母

试题（20）分析

本题考查计算机基础知识。

Windows 文件名中可以有汉字和英文字母，还可以有一部分特殊的符号。

参考答案

（20）D

试题（21）

网络有线传输介质中，不包括 __（21）__ 。

（21）A．双绞线　　　B．红外线　　　C．同轴电缆　　　D．光纤

试题（21）分析

本题考查计算机基础知识。

红外线属于无线介质。

参考答案

（21）B

试题（22）

网络互联设备不包括 __（22）__ 。

（22）A．集线器　　　B．路由器　　　C．浏览器　　　D．交换机

试题（22）分析

本题考查计算机基础知识。

浏览器属于软件，其主要功能是浏览网页。

参考答案

（22）C

试题（23）

以下关于电子邮件的叙述中，不正确的是 __（23）__ 。

（23）A．发送电子邮件时，通信双方必须都在线
　　　B．一封电子邮件可以同时发送给多个用户
　　　C．可以通过电子邮件发送文字、图像、语音等信息
　　　D．电子邮件比人工邮件传送迅速、可靠，且范围更广

试题（23）分析

本题考查计算机基础知识。

发送电子邮件时对方可以不在线，邮件只发送到对方申请的邮件服务器中。

参考答案

(23) A

试题 (24)

在 Windows7 运行时,为强行终止某个正在持续运行且没有互动反应的应用程序,可按组合键 Ctrl+Alt+Del 启动__(24)__,选择指定的进程和应用程序,结束其任务。

(24) A. 引导程序　　B. 控制面板　　C. 任务管理器　　D. 资源管理器

试题 (24) 分析

本题考查计算机基础知识。

按组合键 Ctrl+Alt+Del 将启动任务管理器,可以查看当前系统的运行情况,终止某些程序的运行。在系统异常时,该功能很实用。

参考答案

(24) C

试题 (25)

以下关于文件压缩的叙述中,不正确的是__(25)__。

(25) A. 文件压缩可以节省存储空间
　　　B. 文件压缩可以缩短传输时间
　　　C. 文件压缩默认进行加密保护
　　　D. 右击文件名可操作文件压缩或解压

试题 (25) 分析

本题考查计算机基础知识。

文件压缩本身并没有进行加密保护,任何人都可以解压还原查看。

参考答案

(25) C

试题 (26)

以下操作中属于触摸屏的操作是__(26)__。

(26) A. 左键单击　　B. 右键单击　　C. 长按和滑动　　D. 左右键双击

试题 (26) 分析

本题考查计算机基础知识。

触摸屏上可进行长按和滑动操作,左右键操作是针对鼠标而言的。

参考答案

(26) C

试题 (27)

黑屏是微机显示器常见的故障现象。发生黑屏时需要检查的项目不包括__(27)__。

(27) A. 检查显示器电源开关是否开启,电源线连接是否良好
　　　B. 检查显示器信号线与机箱内显卡的连接是否良好
　　　C. 检查显示器亮度、对比度等按钮是否调在正常位置
　　　D. 检查操作系统与应用软件的输入输出功能是否正常

试题（27）分析

本题考查计算机基础知识。

微机显示器发生黑屏时，一般不会去检查软件的 I/O 功能。如果软件的 I/O 功能出错，要么不显示，要么显示错误的信息。

参考答案

（27）D

试题（28）

计算机使用了一段时间后，系统磁盘空间不足，系统启动时间变长，系统响应延迟，应用程序运行缓慢，此时，需要对系统进行优化。__(28)__ 不属于系统优化工作。

（28）A．清除系统垃圾文件　　　　　B．升级操作系统和应用程序
　　　　C．关闭不需要的系统服务　　　D．禁用额外自动加载的程序

试题（28）分析

本题考查计算机基础知识。

升级软件不属于对原软件进行优化。

参考答案

（28）B

试题（29）

使用扫描仪的注意事项中不包括 __(29)__ 。

（29）A．不要在扫描中途切断电源　　　B．不要在扫描中途移动扫描原件
　　　　C．不要扫描带图片的纸质件　　　D．平时不用扫描仪时应切断电源

试题（29）分析

本题考查计算机基础知识。

扫描仪可扫描带图片的纸质件，将其作为图像输入计算机。

参考答案

（29）C

试题（30）

计算机硬件唯一能够直接识别和处理的语言是 __(30)__ 。

（30）A．机器语言　　B．汇编语言　　C．高级语言　　D．中级语言

试题（30）分析

本题考查计算机基础知识。

计算机硬件本身只能识别机器语言。

参考答案

（30）A

试题（31）

__(31)__ 接受每个用户的命令，采用时间片轮转方式处理服务请求，并通过交互方式在终端上向用户显示结果。

（31）A．批处理操作系统　　　　　　　B．分时操作系统

C．实时操作系统　　　　　　D．网络操作系统

试题（31）分析

本题考查计算机基础知识。

分时操作系统采用时间片轮转的方式处理每个用户的服务请求。由于时间片很短（例如100毫秒），每个用户都感到自己在独占计算机使用。

参考答案

（31）B

试题（32）

Windows 7 中，在控制面板中，通过__（32）__可以查看系统的一些关键信息，如显示当前的硬件参数、调整视觉效果、调整索引选项、调整电源设置及磁盘清理等。

（32）A．程序和功能　　B．个性化　　C．性能信息和工具　　D．默认程序

试题（32）分析

本题考查计算机基础知识。

选择控制面板中的"性能信息和工具"选项，可以查看系统的性能情况，评估并改进计算机性能。

参考答案

（32）C

试题（33）

Windows 7 中，__（33）__不能将信息传送到剪贴板。

（33）A．用"复制"命令把选定的对象送到剪贴板
　　　 B．用"剪切"命令把选定的对象送到剪贴板
　　　 C．用 Ctrl+V 把选定的对象送到剪贴板
　　　 D．Alt+PrintScreen 把当前窗口送到剪贴板

试题（33）分析

本题考查计算机基础知识。

快捷键 Ctrl+V 将剪贴板上的内容粘贴到当前光标所在位置。

参考答案

（33）C

试题（34）

Word 2007 中"制表位"的作用是__（34）__。

（34）A．制作表格　　B．光标定位　　C．设定左缩进　　D．设定右缩进

试题（34）分析

本题考查办公软件使用知识。

按键 Tab（制表位）的作用是移动光标到下一个单元格或对象。

参考答案

（34）B

试题（35）

以下关于 Word "首字下沉"命令的叙述中，正确的是__(35)__。

(35) A．只能悬挂下沉　　　　　　B．可以下沉三行字的位置
　　　C．只能下沉三行　　　　　　D．只能下沉一行

试题（35）分析

本题考查办公软件使用知识。

Word 的"插入"菜单中，可以选择"首字下沉"选项，将行内首字下沉若干行（可调）。

参考答案

(35) B

试题（36）

在 Word 2007 的绘图工具栏上选定矩形工具，按住__(36)__按钮可绘制正方形。

(36) A．Tab　　　　B．Del　　　　C．Shift　　　　D．Enter

试题（36）分析

本题考查办公软件使用知识。

在绘图工具栏上，选定矩形工具，同时按住 Shift 键，就可绘制正方形。

参考答案

(36) C

试题（37）

在 Word 2007 的编辑状态下，可以同时显示水平标尺和垂直标尺的视图模式是__(37)__。

(37) A．普通视图　　B．页面视图　　C．大纲视图　　D．全屏显示模式

试题（37）分析

本题考查办公软件使用知识。

在页面视图下，可以显示或隐藏水平和垂直标尺。

参考答案

(37) B

试题（38）

在 Word__(38)__模式下，随着输入新的文字，后面原有的文字将会被覆盖。

(38) A．插入　　　　B．改写　　　　C．自动更正　　　　D．断字

试题（38）分析

本题考查办公软件使用知识。

在"改写"模式下，输入的文字将逐个覆盖当前光标后的文字。

参考答案

(38) B

试题（39）

在 Word 2007 文档编辑时，使用__(39)__选项卡中的"分隔符"命令，可以在文档中指定位置强行分页。

(39) A．开始　　　　B．插入　　　　C．页面布局　　　　D．视图

试题（39）分析

本题考查办公软件使用知识。

编辑文档时，选择"页面布局"中的"分隔符"，再选择"分页符"就能强制分页。

参考答案

（39）C

试题（40）

在 Word 2007 默认状态下，调整表格中的宽度可以利用__（40）__进行调整。

（40）A．水平标尺　　B．垂直标尺　　C．若干个空格　　D．自动套用格式

试题（40）分析

本题考查办公软件使用知识。

显示并编辑表格时，水平标尺显示了当前行中各个单元格的位置，用鼠标调整其分隔线位置就直接调整了表格中列的宽度。

参考答案

（40）A

试题（41）

在 Word 2007 中，打印页码 2，4-5，8，表示打印__（41）__。

（41）A．第 2 页、第 4 页、第 5 页、第 8 页

　　　B．第 2 页至第 4 页、第 5 页至第 8 页

　　　C．第 2 页至第 5 页、第 8 页

　　　D．第 2 页至第 8 页

试题（41）分析

本题考查办公软件使用知识。

4-5 表示从第 4 页到第 5 页。逗号表示分段列举页码范围。

参考答案

（41）A

试题（42）

在 Excel 2007 中，单元格中的绝对地址在被复制或移动到其他单元格时，其单元格地址__（42）__。

（42）A．不会改变　　B．部分改变　　C．全部改变　　D．不能复制

试题（42）分析

本题考查办公软件使用知识。

绝对地址就是移动、复制时都不改变的地址。

参考答案

（42）A

试题（43）

在 Excel 2007 中，__（43）__不是计算从 A1 到 A6 单元格中数据之和的公式。

（43）A．=A1+A2+A3+A4+A5+A6

B．=SUM(A1:A6)
C．=(A1+A2+A3+A4+A5+A6)
D．=SUM (A1+A6)

试题（43）分析

本题考查办公软件使用知识。

"=SUM(A1+A6)"是计算 A1 和 A6 两个单元格内容之和。

参考答案

（43）D

试题（44）

一个 Excel 文档对应一个 __(44)__ 。

（44）A．工作簿　　　B．工作表　　　C．单元格　　　D．行或列

试题（44）分析

本题考查办公软件使用知识。

一个 Excel 文档对应一个工作簿，其中包含若干个工作表。

参考答案

（44）A

试题（45）

在 Excel 2007 中，若 A1 单元格中的值为–1，B1 单元格中的值为 1，在 B2 单元格中输入= TAN(SUM(A1:B1))，则 B2 单元格中的值为 __(45)__ 。

（45）A．–1　　　B．0　　　C．1　　　D．2

试题（45）分析

本题考查办公软件使用知识。

SUM(A1:B1)相当于 A1+B1，此时其值为 0。三角函数 tan(0)的值为 0。

参考答案

（45）B

试题（46）

在 Excel 2007 中，若 A1 单元格中的值为 2，B1 单元格中的值为 3，在 A2 单元格中输入"=PRODUCT(A1:B1)"，按回车键后，则 A2 单元格中的值为 __(46)__ 。

（46）A．4　　　B．6　　　C．8　　　D．9

试题（46）分析

本题考查办公软件使用知识。

PRODUCT(A1:B1)相当于 A1×B1，此时其值为 6。

参考答案

（46）B

试题（47）

在 Excel 2007 中，若 A1 单元格中的值为 50，B1 单元格中的值为 60，若在 A2 单元格中输入 "=IF(OR(A1>=60,B1>=60),"通过","不通过")"，按回车键后，则 A2 单元格中的值

为　(47)　。

(47) A. 50　　　　　B. 60　　　　　C. 通过　　　　　D. 不通过

试题（47）分析

本题考查办公软件使用知识。

由于 A1 中的值为 50，所以 "A1>=60" 的值为假。由于 B1 中的值为 60，所以 "B1>=60" 的值为真。因此，OR(A1>=60,B1>=60)的值为真（"或"运算）。IF(OR(A1>=60,B1>=60),"通过","不通过")意味着如果 OR(A1>=60,B1>=60)为真时，结果为"通过"。

参考答案

(47) C

试题（48）

在 Excel 2007 中，若在 A1 单元格中的值为 9，在 A2 单元格中输入 "=SQRT(A1)"，按回车键后，则 A2 单元格中的值为　(48)　。

(48) A. 0　　　　　B. 3　　　　　C. 9　　　　　D. 81

试题（48）分析

本题考查办公软件使用知识。

SQRT(A1)就是将 A1 中的内容开平方。

参考答案

(48) B

试题（49）

在 Excel 2007 中，利用填充柄可以将数据复制到相邻单元格中。若选择含有数值的上下相邻的两个单元格，按住鼠标左键向下拖动填充柄，则数据将以　(49)　填充。

(49) A. 等差数列　　B. 等比数列　　C. 上单元格数值　　D. 下单元格数值

试题（49）分析

本题考查办公软件使用知识。

对需要顺序填充的编号或按等差数列排序的编号来说，这种方法提高了效率。

参考答案

(49) A

试题（50）

在 Excel 2007 中，设单元格 A1 中的值为 10，B1 中的值为 20，A2 中的值为 30，B2 中的值为 40，若在 A3 单元格中输入"=SUM(A1,B2)"，按回车键后，A3 单元格中的值为　(50)　。

(50) A. 50　　　　　B. 60　　　　　C. 90　　　　　D. 100

试题（50）分析

本题考查办公软件使用知识。

SUM(A1,B2)相当于 A1+B2，其值为 50。

参考答案

(50) A

试题（51）

在 Excel 2007 中，设单元格 A1 中的值为–100,B1 中的值为 100，A2 中的值为 0，B2 中的值为 1，若在 C1 单元格中输入"=IF(A1+B1<=0,A2,B2)"，按回车键后，C1 单元格中的值为___（51）___。

（51）A．–100　　　　B．0　　　　C．1　　　　D．100

试题（51）分析

本题考查办公软件使用知识。

A1+B1 的值为 0，判断"A1+B1<=0"的结果为真，因此，"=IF(A1+B1<=0,A2,B2)"就会用 A2 中的值来赋值。

参考答案

（51）B

试题（52）

在 PowerPoint 2007 中，若想在一屏内观看多张幻灯片的大致效果，可采用的方法是___（52）___。

（52）A．切换到幻灯片放映视图　　　　B．缩小幻灯片
　　　 C．切换到幻灯片浏览视图　　　　D．切换到幻灯片大纲视图

试题（52）分析

本题考查办公软件使用知识。

选择幻灯片的浏览视图时，可以看到很多张幻灯片，移动滚动条可以检查该文稿的全部幻灯片。

参考答案

（52）C

试题（53）

为了查看幻灯片能否在 20 分钟内完成自动播放，需要为其设置___（53）___。

（53）A．超级链接　　B．动作按钮　　C．排练计时　　D．录制旁白

试题（53）分析

本题考查办公软件使用知识。

利用排练计时工具可以在播放演示文稿过程中进行计时。

参考答案

（53）C

试题（54）

在 PowerPoint 2007 中，超级链接一般不可以链接到___（54）___。

（54）A．文本文件的某一行　　　　B．某个幻灯片
　　　 C．因特网上的某个文件　　　　D．某个图像文件

试题（54）分析

本题考查办公软件使用知识。

演示文稿中的超级链接不能定位到文本文件的指定行。

参考答案

(54) A

试题 (55)

设有关系 R、S、T 如下所示，则 __(55)__ 。

关系 R		
工号	姓名	部门
0101	张成	行政
0102	何员	销售

关系 S		
工号	姓名	部门
0107	李名	测试
0110	杨海	研发

关系 T		
工号	姓名	部门
0101	张成	行政
0102	何员	销售
0107	李名	测试
0110	杨海	研发

(55) A. T=R∩S   B. T=R∪S   C. T=R/S   D. T=R×S

试题 (55) 分析

本题考查办公软件使用知识。

R 和 S 两个关系的并运算 "∪" 可以得到关系 T。

参考答案

(55) B

试题 (56)

单个用户使用的数据视图的描述属于 __(56)__ 。

(56) A. 外模式   B. 概念模式   C. 内模式   D. 存储模式

试题 (56) 分析

本题考查办公软件使用知识。

很多用户可以同时使用同一数据库。不同的用户可以有不同的数据视图。有些数据属性对某些用户是不可见的。每个用户看到的数据视图就是数据库的外模式。

参考答案

(56) A

试题 (57)

数据库中只存放视图的 __(57)__ 。

(57) A. 操作   B. 对应的数据   C. 定义   D. 限制

试题 (57) 分析

本题考查办公软件使用知识。

数据库中只存放视图的定义。每次数据库检索运算都是根据视图的定义来做约束的。这样可以节省存储量，减少冗余，降低错误发生概率。

参考答案

（57）C

试题（58）

以下关于计算机网络协议的叙述中，不正确的是 （58） 。

（58）A．网络协议就是网络通信的内容
　　　B．制定网络协议是为了保证数据通信的正确、可靠
　　　C．计算机网络的各层及其协议的集合，称为网络的体系结构
　　　D．网络协议通常由语义、语法、变换规则3部分组成

试题（58）分析

本题考查计算机基础知识。

网络协议是指为网络中进行数据交换而建立的规则、标准或约定的集合。

参考答案

（58）A

试题（59）

OSI/RM 协议模型的最底层是 （59） 。

（59）A．应用层　　　B．网络层　　　C．物理层　　　D．传输层

试题（59）分析

本题考查计算机基础知识。

OSI/RM 是国际标准化组织 ISO 在网络通信方面所定义的开放系统互连模型。整个 OSI/RM 模型共分 7 层，从下往上分别是物理层、数据链路层、网络层、传输层、会话层、表示层和应用层。物理层负责将数据转换为可通过物理介质传送的电子信号。

参考答案

（59）C

试题（60）

人工智能（AI）时代，人类面临许多新的安全威胁。以下 （60） 不属于安全问题。

（60）A．AI 可能因为学习了有问题的数据而产生安全隐患或伦理缺陷
　　　B．黑客入侵可能利用 AI 技术使自动化系统故意犯罪，造成危害
　　　C．由于制度漏洞和监管不力，AI 系统可能面临失控，造成损失
　　　D．AI 技术在某些工作、某些能力方面超越人类，淘汰某些职业

试题（60）分析

本题考查信息安全基础知识。

AI 技术在某些工作、某些能力方面超越人类，淘汰某些职业。正如人利用望远镜可以看得更远，这是好事，不是安全问题。

参考答案

（60）D

试题（61）

计算机感染病毒后常见的症状中，一般不包括 （61） 。

(61) A. 计算机系统运行异常（如死机、运行速度降低、文件大小异常等）
    B. 外部设备使用异常（如系统无法找到外部设备，外部设备无法使用）
    C. 网络异常（如网速突然变慢，网络连接错误，许多网站无法访问）
    D. 应用程序计算结果异常（如输出数据过多或过少，过大或过小）

试题（61）分析

本题考查信息安全基础知识。

程序计算结果异常，输出数据过多或过少，过大或过小，一般是程序设计的问题。

参考答案

（61）D

试题（62）

面向社会服务的信息系统突发安全事件时所采取的技术措施中一般不包括 __(62)__ 。

(62) A. 尽快定位安全风险点，努力进行系统修复
    B. 将问题控制在局部范围内，不再向全系统扩散
    C. 关闭系统，切断与外界的信息联系，逐人盘查
    D. 全力挽回用户处理的信息，尽量减少损失

试题（62）分析

本题考查信息安全基础知识。

面向社会服务的信息系统不能轻易关闭系统，停止对外服务。遇到突发事件，要尽可能控制住问题，尽快修复，保护日志记录，及时进行追查。

参考答案

（62）C

试题（63）

《信息处理系统-开放系统互连-基本参考模型》（ISO 7498-2:1989）属于 __(63)__ 。

(63) A. 国际标准   B. 国家标准   C. 行业标准   D. 企业标准

试题（63）分析

本题考查有关的法律法规基础知识。

ISO 表示国际标准化组织，以 ISO 开始编号的标准属于国际标准。

参考答案

（63）A

试题（64）

建立规范的信息处理流程的作用一般不包括 __(64)__ 。

(64) A. 使各个环节衔接井井有条，不重复，不遗漏
    B. 各步骤都有数据校验，保证信息处理的质量
    C. 减少设备的损耗，降低信息处理成本
    D. 明确分工和责任，出现问题便于追责

试题（64）分析

本题考查有关的法律法规基础知识。

规范信息处理流程主要是为了确保数据质量，也对提高处理效率有益，与设备损耗没有直接关系。

参考答案

（64）C

试题（65）

一般来说，收集到的数据经过清洗后，还需要进行分类、排序等工作。这样做的好处主要是___(65)___。

（65）A．节省存储　　　B．便于传输　　　C．提高安全性　　　D．便于查找

试题（65）分析

本题考查信息处理实务基础知识。

对数据进行分类排序主要是为了便于查找。

参考答案

（65）D

试题（66）

在大型分布式信息系统中，为提高信息处理效率，减少网络拥堵，信息存储的原则是：数据应尽量___(66)___。

（66）A．集中存储在数据中心　　　　B．分散存储在数据产生端
　　　　C．靠近数据使用端存储　　　　D．均衡地存储在各个终端

试题（66）分析

本题考查信息处理实务基础知识。

数据尽量靠近使用端存储可减少传输量和传输时间，减少网络拥堵，提高处理效率。

参考答案

（66）C

试题（67）

某社区有12个积极分子A~L，他们之间的联系渠道见下图。居委会至少需要通知他们之中___(67)___个人，才能通过联系渠道通知到所有积极分子。

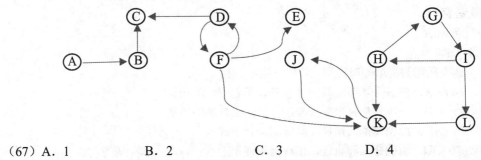

（67）A．1　　　　B．2　　　　C．3　　　　D．4

试题（67）分析

本题考查信息处理实务基础知识。

首先，A（没有箭头指向的点）一定需要由居委会通知。A 可以通知 B，B 可以通知 C。除去 A、B、C 点及其连线后，其他点都有箭头指向。

显然，居委会应优先通知那些联系更广泛的人，即寻找可以通知更多人的积极分子。例如 F 出发的箭头最多，F 可以通知 D、E、K，而 K 可以通知 J。

图中再除去点 F、D、E、K、J 及其连线后，剩余 G、H、I、L 四点中，I 可以通知 H、L，而 H 可以通知 G。

因此，居委会只要通知 A、F、I 三人，便能由他们逐步通知到所有的人。这是最少通知的人数。

参考答案

（67）C

试题（68）

___(68)___ 属于人工智能的应用。

（68）A．程序设计　　B．指纹识别　　C．社区聊天　　D．数据统计

试题（68）分析

本题考查信息处理实务基础知识。

指纹识别属于图像识别，由于识别对象的模糊性和不完全性，不能依靠全同比较来识别，这就需要智能算法。

参考答案

（68）B

试题（69）

为向相关人员以可视化方式展示数据分析结果，首先需要明确目标受众（即需要给哪些人看），并了解他们考虑的一些问题。这些问题一般不包括___(69)___。

（69）A．他们对将要讨论的事项了解多少　　B．他们需要什么，又想要知道什么
　　　　C．他们的艺术水平和欣赏能力如何　　D．他们将如何利用分析展示的信息

试题（69）分析

本题考查信息处理实务基础知识。

向目标受众展示可视化数据并不需要受众有多高的艺术水平和欣赏能力。

参考答案

（69）C

试题（70）

信息处理技术员资格考试的试卷包括信息处理基础知识、计算机基础知识、法律法规知识、专业英语、办公软件使用技能五个方面。某次考试后，对这五个方面分别统计了各考生的得分率以及全国的平均得分率。为了直观展现每个考生在各个方面的水平以及该考生的整体水平，并与全国平均水平进行比较，宜采用___(70)___。

（70）A．直方图　　B．圆饼图　　C．折线图　　D．雷达图

试题（70）分析

本题考查信息处理实务基础知识。

雷达图有一个中心点，从这点出发向五个方向画出五条射线（射线之间的夹角比较均等），每条射线分别表示一个技能方面，并给予适当的数值标度。五个方面的全国平均得分率可标出一个五边形，每个考生在五个方面的得分率也可画出一个五边形。每个考生可以得到一张雷达图，就能直观地看到自己与全国平均水平相比的总体水平，也能看到在哪个方面比较强，哪个方面存在不足。

参考答案

（70）D

试题（71）

___(71)___ is the process of converting text, sound, photos, and video to data that can be processed by computer.

（71）A．Computerization　　　　　　B．Networking
　　　C．Digitization　　　　　　　　D．Informatization

参考译文

数字化是将文本、声音、照片和视频转化为可由计算机处理的数据的过程。

参考答案

（71）C

试题（72）

The ___(72)___ is the primary device for entering information into the computer.

（72）A．disk　　　B．printer　　　C．keyboard　　　D．memory

参考译文

键盘是将信息输入计算机的主要设备。

参考答案

（72）C

试题（73）

___(73)___ system let you run more than one program at a time.

（73）A．Application　　B．Software　　C．Real time　　D．Multitask

参考译文

多任务系统可同时运行多个程序。

参考答案

（73）D

试题（74）

Small business may use ___(74)___ for word processing.

（74）A．microcomputers　　　　　　B．industrial computers
　　　C．mainframe computers　　　　D．supercomputers

参考译文

小型商务可使用微型计算机来做文字处理。

参考答案

（74）A

试题（75）

Once you've made the Internet connection, you can send ___(75)___ to any of computer user all around the worlD.

(75) A．E-mail   B．WWW   C．browse   D．web station

参考译文

当你连接互联网后就能向全球计算机用户发电子邮件。

参考答案

（75）A

第6章 2018上半年信息处理技术员上机考试试题分析与解答

试题一（共15分）

利用系统提供的素材，按题目要求完成后，用 Word 的保存功能直接存盘。

玫瑰花

梅桂原产中国，栽培历史悠久，在植物分类学上是一种蔷薇科蔷薇属灌木，在日常生活中是蔷薇属一系列花大艳丽的栽培品种的统称，这些栽培品种亦可称做现代月季或现代蔷薇。梅桂果实可食，无糖，富含维他命 C，常用于香草茶、果酱、果冻、果汁和面包等，亦有瑞典汤、蜂蜜酒。梅桂长久以来就象征着美丽和爱情。古希腊和古罗马民族用梅桂象征着他们的爱神阿芙罗狄蒂、维纳斯。梅桂在希腊神话中是宙斯所创造的杰作，用来向诸神炫耀自己的能力。

要求：

1. 将文中的"梅桂"（标题及小标题中的除外）替换为加粗的"玫瑰"。

2. 将文章标题"玫瑰花"设置为隶书、标准色中的红色、二号字、粗体，水平居中，段前、段后间距为 1 行。

3. 设置页边距上、下为 2 厘米；左、右为 2.5 厘米；页眉、页脚距边界均为 1.3 厘米；纸张大小为 A4。

4. 设置页眉为"玫瑰介绍"，字体为宋体、五号、水平居中；在页脚插入页码，样式：加粗显示的数字，"第 X 页 共 Y 页"（X 表示当前页数，Y 表示总页数），水平居中。

5. 在正文第一自然段后另起行录入第二段文字：干品玫瑰花略呈半球形或不规则团状，直径 1～2.5cm。花托半球形，与花萼基部合生；萼片 5，披针形，黄绿色或棕绿色，被有细柔毛；花瓣多皱缩，展平后宽卵形，呈覆瓦状排列，紫红色，有的黄棕色；雄蕊多数，黄褐色。体轻，质脆。气芳香浓郁，味微苦涩。

试题一分析

【考查目的】

- 文字录入及编排。
- 开始菜单的使用。
- 页面布局菜单的使用。
- 插入菜单的使用。

【要点分析】

本题要点：文档字体设置、页面设置、文字录入、页脚设置。

【操作的关键步骤】

（1）文档格式。选定文档对象，通过"开始"菜单下的"字体"命令，进行文档格式设置。

(2)页面设置。通过"页面布局"菜单下的"页面设置"命令进行设置。
(3)页脚设置。通过"插入"菜单下的"页脚"命令进行设置。

参考答案

<u>玫瑰介绍</u>

玫瑰花

玫瑰原产中国,栽培历史悠久,在植物分类学上是一种蔷薇科蔷薇属灌木,在日常生活中是蔷薇属一系列花大艳丽的栽培品种的统称,这些栽培品种亦可称做现代月季或现代蔷薇。**玫瑰**果实可食,无糖,富含维他命C,常用于香草茶、果酱、果冻、果汁和面包等,亦有瑞典汤、蜂蜜酒。**玫瑰**长久以来就象征着美丽和爱情。古希腊和古罗马民族用**玫瑰**象征着他们的爱神阿芙罗狄蒂、维纳斯。**玫瑰**在希腊神话中是宙斯所创造的杰作,用来向诸神炫耀自己的能力。

干品玫瑰花略呈半球形或不规则团状,直径1~2.5cm。花托半球形,与花萼基部合生;萼片5,披针形,黄绿色或棕绿色,被有细柔毛;花瓣多皱缩,展开后宽卵形,呈覆瓦状排列,紫红色,有的黄棕色;雄蕊多数,黄褐色。体轻,质脆。气芳香浓郁,味微苦涩。

第1页 共1页

注:上图未显示Word页面中的空白区域。

试题二(共15分)

用Word软件制作如图示的个人简历。按题目要求完成后,用Word的保存功能直接存盘。

个人简历

就业方向							
个人资料							
姓名		性别		民族		年龄	
籍贯				专业			
政治面貌				爱好			
电子邮箱				联系电话			
自我评价							
教育背景							
个人能力							
社会及校内实践							
所获证书及奖项							

要求:
1. 利用相关工具绘制如图示的个人简历。
2. 将标题设置为楷体、二号、加粗、居中；其他文字设置为宋体、五号。

试题二分析
【考查目的】
- 文字设置和编排。
- 绘制表格。

【要点分析】
本题要点：绘制表格、字体设置、录入文字并进行编排。

【操作的关键步骤】
(1) 文字编排。使用"开始"菜单下的"字体"命令，进行字号、字体的设置。
(2) 表格菜单的使用。使用"插入"菜单下的"表格"命令绘制表格。

参考答案

个人简历

就业方向						
个人资料						
姓名		性别		民族		年龄
籍贯			专业			
政治面貌			爱好			
电子邮箱			联系电话			
自我评价						
教育背景						
个人能力						
社会及校内实践						
所获证书及奖项						

试题三（共 15 分）

在 Excel 的 Sheet1 工作表的 A1:F11 单元格区域内创建"学生成绩表"（内容如下图所示）。按题目要求完成之后，用 Excel 的保存功能直接存盘。

	A	B	C	D	E	F
1			学生成绩表			
2	序号	姓名	数学	外语	政治	总分
3	1	王立萍	50	80	80	
4	2	刘嘉林	90	70	60	
5	3	李莉	80	100	70	
6	4	王华	70	60	90	
7	5	李民	60	90	50	
8	6	张亮	80	70	80	
9	平均分					
10	所占百分比					
11	难度系数					

要求：
1. 表格要有可视的边框，并将表中的文字设置为宋体、12 磅、黑色、居中。
2. 用函数计算总分。
3. 用函数计算平均分，计算结果保留 1 位小数。
4. 用公式计算所占百分比，所占百分比=平均分/100，计算结果保留 3 位小数。
5. 用公式计算难度系数，难度系数=1–所占百分比，计算结果保留 3 位小数。

试题三分析

【考查目的】
- 用 Excel 创建工作表。
- 单元格格式设置。
- 函数计算。

【要点分析】
本题要点：文字的编排（包括字体、字号等）、单元格格式设置、函数计算。

【操作的关键步骤】

（1）文字的编排。使用"开始"菜单下的"字体"命令进行设置。

（2）函数计算。数学平均分计算函数为："=AVERAGE (C3:C8)"；王立萍总分计算函数为："=SUM (C3:E3)"；数学所占百分比计算公式为："=C9/100"；难度系数计算公式为"=1–C10"。

参考答案

	A	B	C	D	E	F
1	学生成绩表					
2	序号	姓名	数学	外语	政治	总分
3	1	王立萍	50	80	80	210
4	2	刘嘉林	90	70	60	220
5	3	李莉	80	100	70	250
6	4	王华	70	60	90	220
7	5	李民	60	90	50	200
8	6	张亮	80	70	80	230
9	平均分		71.7	78.3	71.7	
10	所占百分比		0.717	0.783	0.717	
11	难度系数		0.283	0.217	0.283	

试题四（共 15 分）

利用系统提供的资料，用 PowerPoint 创意制作演示文稿。按照题目要求完成后，用 PowerPoint 的保存功能直接存盘。

资料：

中国制造 2025

"中国制造 2025"提出了我国制造强国建设三个十年的"三步走"战略，是第一个十年的行动纲领。"中国制造 2025"应对新一轮科技革命和产业变革，立足我国转变经济发展方式实际需要，围绕创新驱动、智能转型、强化基础、绿色发展、人才为本等关键环节，以及先进制造、高端装备等重点领域，提出了加快制造业转型升级、提升增效的重大战略任务和重大政策举措，力争到 2025 年从制造大国迈入制造强国行列。

要求：

1. 标题设置为 40 磅、楷体、居中。
2. 正文内容设置为 24 磅、宋体。
3. 演示文稿设置旋转动画效果。
4. 为演示文稿插入页眉，内容为"中国制造 2025"。

试题四分析

【考查目的】

用 PowerPoint 模板制作演示文稿并对文稿进行"动画效果"设置等。

【要点分析】

本题要点：PowerPoint 的基本操作。

【操作的关键步骤】

（1）熟悉 PowerPoint 的基本操作。

（2）应用"开始"菜单下的"字体"命令设置字体、字号等。

(3) 应用"动画"菜单下的"动画"命令进行动画设置。
(4) 应用"插入"菜单下的"页脚和页眉"命令插入页脚备注。

参考答案

中国制造2025

中国制造2025

"中国制造2025"提出了我国制造强国建设三个十年的"三步走"战略，是第一个十年的行动纲领。"中国制造2025"应对新一轮科技革命和产业变革，立足我国转变经济发展方式实际需要，围绕创新驱动、智能转型、强化基础、绿色发展、人才为本等关键环节，以及先进制造、高端装备等重点领域，提出了加快制造业转型升级、提升增效的重大战略任务和重大政策举措，力争到2025年从制造大国迈入制造强国行列。

试题五（共 15 分）

在 Excel 的 Sheet1 工作表的 A1:G16 单元格内创建"跳远预赛成绩表"（内容如下图所示）。按题目要求完成后，用 Excel 的保存功能直接存盘。（表格没创建在指定区域将不得分）

	A	B	C	D	E	F	G
1	跳远预赛成绩表						
2	运动员编号	成绩/米			最优成绩	名次	是否进入决赛
3		第1跳	第2跳	第3跳			
4	1001	4.03	4.47	5.00			
5	1002	5.03	4.23	3.87			
6	1003	5.28	5.18	5.21			
7	1004	5.40	5.35	5.42			
8	1005	3.82	4.26	4.58			
9	1006	5.34	5.20	5.24			
10	1007	5.40	5.31	5.45			
11	1008	5.36	5.40	4.97			
12	1009	3.68	5.06	4.34			
13	1010	4.11	4.31	4.14			
14	1011	3.57	5.17	3.78			
15	1012	5.41	5.34	5.41			
16	最优成绩对应的运动员编号						

要求：
1. 表格要有可视的边框，并将文字设置为宋体、16 磅、居中。
2. 在对应单元格内用 MAX 函数计算每名运动员预赛的最优成绩。
3. 在对应单元格内用 RANK 函数和绝对引用计算每名运动员最优成绩的名次。
4. 在对应单元格内用 IF 函数计算运动员是否进入决赛，在其对应单元格内显示"是"，否则不显示任何内容。按照规则,名次位于前 6 名的运动员进入决赛。

5. 在对应单元格内用 INDEX、MATCH、MAX 函数计算出预赛最优成绩对应的运动员编号。

试题五分析

【考查目的】
- 用 Excel 创建工作表。
- 单元格格式设置。
- 函数计算。

【要点分析】

本题要点:文字的编排(包括字体、字号等)、单元格格式设置、函数计算。

【操作的关键步骤】

(1) 文字的编排。使用"开始"菜单下的"字体"命令进行设置。

(2) 函数计算。编号为 1001 的运动员最优成绩计算函数为:"=MAX(B4:D4)";名次计算函数为:"=RANK(E4,$E$4:$E$15)";是否进入决赛计算函数为:"=IF(F4<=6,"是","")";最优成绩对应的运动员编号计算函数为"=INDEX(A4:A15,MATCH(MAX(E4:E15),E4:E15,))"。

参考答案

	A	B	C	D	E	F	G
1		跳远预赛成绩表					
2	运动员编号	成绩/米			最优成绩	名次	是否进入决赛
3		第1跳	第2跳	第3跳			
4	1001	4.03	4.47	5.00	5.00	10	
5	1002	5.03	4.23	3.87	5.03	9	
6	1003	5.28	5.18	5.21	5.28	6	是
7	1004	5.40	5.35	5.42	5.42	2	是
8	1005	3.82	4.26	4.58	4.58	11	
9	1006	5.34	5.20	5.24	5.34	5	是
10	1007	5.40	5.31	5.45	5.45	1	是
11	1008	5.36	5.40	4.97	5.40	4	是
12	1009	3.68	5.06	4.34	5.06	8	
13	1010	4.11	4.31	4.14	4.31	12	
14	1011	3.57	5.17	3.78	5.17	7	
15	1012	5.41	5.34	5.41	5.41	3	是
16	最优成绩对应的运动员编号				1007		

第7章 2018下半年信息处理技术员上午试题分析与解答

试题（1）

以下关于数字经济的叙述中，__(1)__ 并不正确。

(1) A．数字经济以数据作为关键生产要素，以数字技术作为其经济活动的标志

B．数字经济具有数字化、网络化、智能化、知识化、全球化特征

C．数字经济以虚拟经济代替实体经济，与市场经济互斥

D．数字经济采用"互联网+创新2.0"改革传统工业经济

试题（1）分析

本题考查信息技术基本概念。

数字经济补充和拓展了实体经济，与市场经济是相融合的。

参考答案

(1) C

试题（2）

__(2)__ 是按照科学的城市发展理念，利用新一代信息技术，通过人、物、城市功能系统之间的无缝连接与协同联动，实现自感知、自适应、自优化，形成安全、便捷、高效、绿色的城市形态。

(2) A．智慧城市　　　B．环保城市　　　C．数字城市　　　D．自动化城市

试题（2）分析

本题考查信息技术基本概念。

这是对智慧城市的权威论述。

参考答案

(2) A

试题（3）

企业实现移动信息化的作用不包括 __(3)__ 。

(3) A．企业职工使用移动设备代替台式计算机，降低企业成本

B．加强与客户互动沟通，实现在线支付，提高客户满意度

C．有利于实现按需生产，产销一体化运作，提高经济效益

D．决策者随时随地了解社会需求和企业经营情况，快速决策

试题（3）分析

本题考查信息技术基本概念。

企业实现移动信息化补充和拓展（并不是代替）了台式机的功能。

参考答案

（3）A

试题（4）

某博物馆将所有志愿者分成 A、B、C、D 四组（每个志愿者只能分配到一个组）。已知 A 组和 B 组共有 80 人，B 组和 C 组共有 87 人，C 组和 D 组共有 92 人，据此可以推断，A 组和 D 组共有 __(4)__ 人。

(4) A．83　　　　B．84　　　　C．85　　　　D．86

试题（4）分析

本题考查初等数学应用基础知识。

A、B、C、D 四组共有 80+92=172 人，因此 A、D 两组共有 172–87=85 人。

参考答案

（4）C

试题（5）

某班级有 40 名学生，本次数学考试大多在 80 分上下。老师为了快速统计平均分，对每个学生的分数按 80 分为基准，记录其相对分（多出的分值用正数表示，减少的分值用负数表示，恰巧等于 80 分时用 0 表示），再统计出各种相对分的人数，如下表：

相对分	–10	–6	–2	0	+2	+5	+6	+10
人数	1	5	8	10	8	4	3	1

根据上表可推算出，这次考试全班的平均分为 __(5)__ 。

(5) A．79.8　　　　B．80.0　　　　C．80.2　　　　D．80.4

试题（5）分析

本题考查初等数学应用基础知识。

全班 40 人这次考试的总分为 40×80+1×(–10)+5×(–6)+8×(–2)+10×0+8×2+4×5+3×6+1×10=3200–10–30–16+16+20+18+10=3208，所以平均分为 3208/40=80.2。

参考答案

（5）C

试题（6）

某商场购进了一批洗衣机，加价 25% 销售了 60% 后，在此基础上再打 8 折销完，则这批洗衣机的总销售收入相对于进价总额的利润率为 __(6)__ 。

(6) A．15%　　　　B．17.5%　　　　C．20%　　　　D．22.5%

试题（6）分析

本题考查初等数学应用基础知识。

设以每台 a 元购进了 S 台洗衣机，因此总成本为 aS 元。前一批销售收入为 $(1+25\%)a×60\%S=0.75aS$ 元，第二批销售收入为 $(1+25\%)×0.8a×(1–60\%)S=0.4aS$ 元。总的销售收入为 $(0.75+0.4)aS=1.15aS=(1+15\%)aS$ 元。

参考答案

(6) A

试题(7)

大数据来源大致可以分为两类：一类来自于物理实体世界的科学数据，另一类来自于人类社会活动。以下数据中，__(7)__ 属于前一类数据。

(7) A．社交网络上的数据　　　　B．传感器收集的数据
　　C．上网操作行为轨迹　　　　D．电子商务交易数据

试题(7)分析

本题考查信息处理基础知识。

众多传感器自动记录并传送（感知）了来自实体世界的大量数据（例如温度、压力、位置等）。这是大数据的重要来源。

参考答案

(7) B

试题(8)

在收集、整理、存储大数据时，删除重复数据的作用不包括__(8)__。

(8) A．释放存储空间，提高存储利用率　　B．节省存储成本与管理成本
　　C．有效控制备份数据的急剧增长　　　D．提高数据存储的安全性

试题(8)分析

本题考查信息处理基础知识。

删除重复数据的主要目的不是提高数据存储的安全性。

参考答案

(8) D

试题(9)

数据加工处理的目的不包括__(9)__。

(9) A．提升数据质量，包括精准度和适用度
　　B．筛选数据，使其符合企业发展的预想
　　C．分类排序，使检索和查找快捷、方便
　　D．便于分析，降低复杂度，减少计算量

试题(9)分析

本题考查信息处理基础知识。

处理数据的目的不是符合或证实预想。

参考答案

(9) B

试题(10)

数据__(10)__是将数据以图形图像形式表示，并利用数据分析工具发现其中未知信息的处理过程。

(10) A．可视化　　　B．格式化　　　C．形式化　　　D．业务化

试题（10）分析

本题考查信息处理基础知识。

这是数据可视化的通俗解释。

参考答案

（10）A

试题（11）

目前最常见的用户界面是__(11)__。

（11）A．命令行界面　　　　　　B．字符用户界面

　　　C．图形用户界面　　　　　　D．自然用户界面

试题（11）分析

本题考查信息处理基础知识。

目前大多数软件的用户界面都是类似于 Windows 系统那样的图形用户界面。

参考答案

（11）C

试题（12）

以下关于新型办公系统文档编制的叙述中，__(12)__并不正确。

（12）A．可以实现文档编制过程的模板化和规范化

　　　B．可建立文档基础资源库，有利于文档复用

　　　C．将编制文档转变为填文档和改文档的过程

　　　D．可以根据输入的主题自动编制完整的文档

试题（12）分析

本题考查信息处理基础知识。

对大多数情况来说，根据输入的主题自动编制完整的文档是不可能的。

参考答案

（12）D

试题（13）

__(13)__不会是信息系统的功能。

（13）A．可定制个性化操作界面　　　B．可将二手数据转换成原始数据

　　　C．录入数据时自动进行校验　　　D．可根据用户习惯进行智能化检索

试题（13）分析

本题考查信息处理基础知识。

从已有资料上获取的二手数据，再加工处理也不能是原始数据。

参考答案

（13）B

试题（14）

信息系统运行过程中的数据备份工作不包括__(14)__。

（14）A．每天必须对新增加的或更改过的数据进行备份

B. 为便于恢复，数据应备份到数据正本所在磁盘
C. 为查找更快捷，应定期对数据的索引进行调整
D. 应将暂时不用的数据转入档案数据库进行存档

试题（14）分析

本题考查信息处理基础知识。

数据应备份到不同的磁盘或其他介质，一旦原盘损坏，还可以实现恢复。

参考答案

（14）B

试题（15）

与针式打印机和喷墨打印机相比，激光打印机的特点不包括___(15)___。

(15) A. 打印质量高　　B. 打印速度快　　C. 噪声低　　　　D. 价格便宜

试题（15）分析

本题考查计算机基础知识。

与针式打印机和喷墨打印机相比，激光打印机价格更高些。

参考答案

（15）D

试题（16）

___(16)___ 不属于移动终端设备。

(16) A. 台式计算机　　B. 平板电脑　　C. 笔记本电脑　　D. 智能手机

试题（16）分析

本题考查计算机基础知识。

PC（个人计算机、台式计算机）属于桌面终端设备。

参考答案

（16）A

试题（17）

个人计算机上的 USB 接口通常并不用于连接___(17)___。

(17) A. 键盘　　　　B. 显示器　　　C. 鼠标　　　　D. U 盘

试题（17）分析

本题考查计算机基础知识。

显示器与主机箱之间的信号线常通过 VGA、DVI 或 HDMI 等接口连接。

参考答案

（17）B

试题（18）

操作系统的资源管理功能不包括___(18)___。

(18) A. CPU 管理　　B. 存储管理　　C. I/O 设备管理　　D. 数据库管理

试题（18）分析

本题考查计算机基础知识。

操作系统的功能包括数据管理（或文件管理），一般不包括数据库管理。

参考答案

（18）D

试题（19）

Windows 7 系统运行时，用户用鼠标右击某个对象经常会弹出___(19)___。

（19）A．下拉菜单　　　B．快捷菜单　　　C．窗口菜单　　　D．开始菜单

试题（19）分析

本题考查计算机基础知识。

Windows 系统运行时，用户右击某个对象经常会弹出与上下文相关的快捷菜单。

参考答案

（19）B

试题（20）

Windows 7 中的文件命名规则不包括___(20)___。

（20）A．文件名中可以有汉字　　　　　　B．文件名中区分大小写字母
　　　C．文件名中可以有符号"-"　　　　D．文件的扩展名代表文件类型

试题（20）分析

本题考查计算机基础知识。

Windows 中的文件名不区分大小写（例如 AB 与 ab 表示同一个文件）。

参考答案

（20）B

试题（21）

互联网协议第 6 版（IPv6）采用___(21)___位二进制数表示 IP 地址，是 IPv4 地址长度的 4 倍，号称可以为全世界每一粒沙子编上一个网址。

（21）A．32　　　　B．64　　　　C．128　　　　D．256

试题（21）分析

本题考查计算机基础知识。

IPv4 采用 32 位二进制数表示 IP 地址，IPv6 地址长度为 128 位。

参考答案

（21）C

试题（22）

在网络传输介质中，___(22)___是高速、远距离数据传输最重要的传输介质，不受任何外界电磁辐射的干扰。

（22）A．双绞线　　　B．同轴电缆　　　C．光纤　　　D．红外线

试题（22）分析

本题考查计算机基础知识。

光纤是高速、远距离数据传输最重要的传输介质，不受任何外界电磁辐射的干扰。

参考答案

（22）C

试题（23）

计算机网络中，防火墙的功能不包括__(23)__。

(23) A．防止某个设备的火灾蔓延到其他设备
　　 B．对网络存取以及访问进行监控和审计
　　 C．根据安全策略实施访问限制，防止信息外泄
　　 D．控制网络中不同信任程度区域间传送的数据流

试题（23）分析

本题考查计算机基础知识。

计算机网络中，防火墙是位于内部网络与外部网络之间的网络安全系统。

参考答案

（23）A

试题（24）

在 Windows 7 系统运行时，用户为了获得联机帮助，可以直接按功能键__(24)__。

(24) A．F1　　　　B．F2　　　　C．F3　　　　D．F4

试题（24）分析

本题考查计算机基础知识。

在 Windows 系统运行时，用户按功能键 F1 可以获得联机帮助。

参考答案

（24）A

试题（25）

Windows 7 中可以通过__(25)__设置计算机硬软件的配置，满足个性化的需求。

(25) A．文件系统　　B．资源管理器　　C．控制面板　　D．桌面

试题（25）分析

本题考查计算机基础知识。

这是控制面板的功能。

参考答案

（25）C

试题（26）

台式计算机在设定的等待时间内，如果用户没有进行任何操作，将启动__(26)__。

(26) A．资源管理器　　B．屏幕保护程序　　C．控制面板　　D．文件系统

试题（26）分析

本题考查计算机基础知识。

屏幕保护程序常通过显示不断变化的图形以减少像素显示时的疲劳。

参考答案

（26）B

试题（27）

以下关于机房环境检测与维护的叙述中，不正确的是__(27)__。

(27) A．保证维持合适的室内温度

B．为防止静电干扰，相对湿度不高于 20%

C．保证空气的洁净度

D．保证电源电压稳定

试题（27）分析

本题考查计算机基础知识。

机房环境过于干燥会产生静电干扰，损坏电子设备。

参考答案

(27) B

试题（28）

硬件故障可分为"真"故障和"假"故障两种。__(28)__属于"假"故障。

(28) A．主机元件电路故障　　　　　　B．机箱内风扇不转

C．键盘有些按键失灵　　　　　　D．内存条没有插紧

试题（28）分析

本题考查计算机基础知识。

内存条没有插紧，只要再插紧点就可以，不属于硬件真故障，不需要更换器件。

参考答案

(28) D

试题（29）

同一台计算机上同时运行多种杀毒软件的结果不包括__(29)__。

(29) A．不同的软件造成冲突　　　　　　B．系统运行速度减慢

C．占用更多的系统资源　　　　　　D．清除病毒更为彻底

试题（29）分析

本题考查计算机基础知识。

同一台计算机上不要同时运行多种杀毒软件。

参考答案

(29) D

试题（30）

计算机软件系统由__(30)__组成。

(30) A．操作系统和语言处理系统　　　　B．数据库软件和管理软件

C．程序和数据　　　　　　　　　　D．系统软件和应用软件

试题（30）分析

本题考查计算机基础知识。

通俗地说，计算机软件由系统软件和应用软件组成。

参考答案

（30）D

试题（31）

Windows 7 属于__（31）__。

（31）A．操作系统　　　B．文字处理系统　　　C．数据库系统　　　D．应用软件

试题（31）分析

本题考查计算机基础知识。

Windows 7 属于操作系统。操作系统是系统软件的核心。

参考答案

（31）A

试题（32）

计算机中的数据是指__（32）__。

（32）A．数学中的实数

　　　B．数学中的整数

　　　C．字符

　　　D．一组可以记录、可以识别的记号或符号

试题（32）分析

本题考查计算机基础知识。

数据的定义更广泛些，包括数字、文档、图形、图像、视频、音频、动漫等。

参考答案

（32）D

试题（33）

微型计算机的系统总线是 CPU 与其他部件之间传送__（33）__信息的公共通道。

（33）A．输入、输出、运算　　　　　B．输入、输出、控制

　　　C．程序、数据、运算　　　　　D．数据、地址、控制

试题（33）分析

本题考查计算机基础知识。

总线（Bus）是一组线，包括数据总线、地址总线和控制总线。

参考答案

（33）D

试题（34）

在 Word 2010 编辑状态下，打开 MyDoc.DOCX 文档，若要把编辑后的文档以文件名"W1.htm"存盘，可以执行"文件"菜单中的__（34）__命令。

（34）A．保存　　　B．另存为　　　C．准备　　　D．发送

试题（34）分析

本题考查办公软件基础知识。

人们一般用"另存为"命令进行换名保存文件。

参考答案

（34）B

试题（35）

在 Word 2010 中进行"段落设置"，若设置"右缩进 1 厘米"，则其含义是 __（35）__ 。

（35）A．对应段落的首行右缩进 1 厘米

　　　 B．对应段落除首行外，其余行都右缩进 1 厘米

　　　 C．对应段落的所有行在右页边距 1 厘米处对齐

　　　 D．对应段落的所有行都右缩进 1 厘米

试题（35）分析

本题考查计算机基础知识。

段落设置中的右缩进意味着段落的首行右缩进。

参考答案

（35）A

试题（36）

在 Word 2010 窗口的编辑区，闪烁的一条竖线表示 __（36）__ 。

（36）A．鼠标图标　　　B．光标位置　　　C．拼写错误　　　D．按钮位置

试题（36）分析

本题考查办公软件基础知识。

编辑区内闪烁的一条竖线表示当前光标位置，输入的内容将插入这里。

参考答案

（36）B

试题（37）

若 Word 2010 菜单命令右边有"…"符号，表示 __（37）__ 。

（37）A．该命令不能执行　　　　　　　　B．单击该命令后，会弹出一个"对话框"

　　　 C．该命令已执行　　　　　　　　　D．该命令后有级联菜单

试题（37）分析

本题考查办公软件基础知识。

菜单命令右边的"…"符号表示将弹出对话框要求输入进一步的信息。

参考答案

（37）B

试题（38）

在 Word 2010 中，__（38）__ 内容在普通视图下可看到。

（38）A．文档　　　B．页脚　　　C．自选图形　　　D．页眉

试题（38）分析

本题考查办公软件基础知识。

B、C、D 三个选项的内容可在页面视图下看到。

参考答案

（38）A

试题（39）

在 Word 2010 中，下列关于文档窗口的叙述，正确的是__(39)__。

(39) A．只能打开一个文档窗口

　　　B．可以同时打开多个文档窗口，被打开的窗口都是活动窗口

　　　C．可以同时打开多个文档窗口，但其中只有一个是活动窗口

　　　D．可以同时打开多个文档窗口，但在屏幕上只能见到一个文档窗口

试题（39）分析

本题考查办公软件基础知识。

目前的办公软件一般都能同时打开多个文档窗口，但只有一个是当前活动窗口。

参考答案

（39）C

试题（40）

在 WPS 文字的"字体"对话框中，不能设置的字符格式是__(40)__。

(40) A．更改颜色　　　B．字符大小　　　C．加删除线　　　D．三维效果

试题（40）分析

本题考查办公软件基础知识。

字体对话框中可以选择字体种类、字号、字形、颜色、下画线、删除线、上下标等。

参考答案

（40）D

试题（41）

在 WPS 文字中，由"字体""字号""粗体""斜体""两端对齐"等按钮组成的工具栏是__(41)__。

(41) A．绘图工具栏　　B．常用工具栏　　C．格式工具栏　　D．菜单栏

试题（41）分析

本题考查办公软件基础知识。

格式工具栏以图标形式列出了这些编辑字符的各种格式。

参考答案

（41）C

试题（42）

下列关于 Excel 2010 的叙述中，不正确的是__(42)__。

(42) A．Excel 2010 是表格处理软件

　　　B．Excel 2010 具有数据库管理能力

　　　C．Excel 2010 具有报表编辑、分析数据、图表处理、连接及合并等能力

　　　D．在 Excel 2010 中可以利用宏功能简化操作

试题（42）分析

本题考查办公软件基础知识。

Excel 具有基本的数据分析处理和数据管理能力，尚不具备数据库功能。

参考答案

（42）B

试题（43）

在 WPS 表格中，若单元格中出现"#DIV/0!"，则表示__（43）__。

（43）A．没有可用数值　　　　　　　　B．结果太长，单元格容纳不下

　　　C．公式中出现除零错误　　　　　D．单元格引用无效

试题（43）分析

本题考查办公软件基础知识。

DIV/0 表示除以 0，#表示警示出错。

参考答案

（43）C

试题（44）

在 Excel 2010 中，C3:C7 单元格中的值分别为 10、OK、20、YES 和 48，在 D7 单元格中输入函数"=COUNT(C3:C7)"，按回车键后，D7 单元格中显示的值为__（44）__。

（44）A．1　　　　B．2　　　　C．3　　　　D．5

试题（44）分析

本题考查办公软件基础知识。

函数 COUNT(C3:C7)表示从 C3 到 C7 单元格中有多少个数值型数据。

参考答案

（44）C

试题（45）

在 Excel 2010 中，A1 单元格的值为 18，在 A2 单元格中输入公式"=IF(A1>20,"优", IF(A1>10,"良","差"))"，按回车键后，A2 单元格中显示的值为__（45）__。

（45）A．优　　　　B．良　　　　C．差　　　　D．#NAME?

试题（45）分析

本题考查办公软件基础知识。

IF(A1>20,"优",IF(A1>10,"良","差"))执行时，由于 A1=18，A1>20 为假，所以执行 IF(A1>10,"良","差")。此时 A1>10 为真，所以取值为良。

参考答案

（45）B

试题（46）

在 Excel 2010 中，若要计算出 B3:E6 区域内的数据的最大值并保存在 B7 单元格中，应在 B7 单元格中输入__（46）__。

（46）A．=MIN(B3:E6)　　　　　　　　B．=MAX(B3:E6)

  C．=COUNT(B3:E6)   D．=SUM(B3:E6)

试题（46）分析

  本题考查办公软件基础知识。

  函数 MAX(B3:E6)表示在区域 B3:E6 中的最大值。

参考答案

  （46）B

试题（47）

  在 Excel 2010 中，若 A1 单元格中的值为 5，在 B2 和 C2 单元格中分别输入="A1"+8 和=A1+8，则___（47）___。

  （47）A．B2 单元格中显示 5，C2 单元格中显示 8

    B．B2 和 C2 单元格中均显示 13

    C．B2 单元格中显示#VALUE!，C2 单元格中显示 13

    D．B2 单元格中显示 13，C2 单元格中显示#VALUE!

试题（47）分析

  本题考查办公软件基础知识。

  B2 单元格中的"A1"+8 表示字符串 A1 与数值 8 相加，这是没有意义的。#VALUE! 表示取值出错告警。C2 单元格中的=A1+8 表示将 A1 中的数值 5 与 8 相加后的 13 存入该单元格。

参考答案

  （47）C

试题（48）

  在 Excel 2010 的 A1 单元格中输入函数"=ABS(ROUND(–1.478，2))"，按回车键后，A1 单元格中的值为___（48）___。

  （48）A．–1.478   B．1.48   C．–1.48   D．1.5

试题（48）分析

  本题考查办公软件基础知识。

  函数 ROUND(–1.478，2)表示将数据–1.478 取 2 位小数并舍入，得到–1.48。函数 ABS 表示取绝对值。

参考答案

  （48）B

试题（49）

  为在 Excel 2010 的 A1 单元格中生成一个 60 到 100 之间的随机数，则应在 A1 单元格中输入___（49）___。

  （49）A．=RAND()*(100–60)+60   B．=RAND()*(100–60)+40

    C．=RAND()*(100–60)   D．=RAND(100)

试题（49）分析

  本题考查办公软件基础知识。

  RAND()表示 0 到 1 之间的一个随机数，RAND()*(100–60)表示 0 到 40 之间的一个随机数，RAND()*(100–60)+60 表示 60 到 100 之间的一个随机数。

参考答案

（49）A

试题（50）

在 Excel 2010 的 A1 单元格中输入函数"=IF(1<>2,1,2)"，按回车键后，A1 单元格中的值为___（50）___。

（50）A．TRUE　　　　B．FALSE　　　　C．1　　　　D．2

试题（50）分析

本题考查办公软件基础知识。

IF(1<>2,1,2)执行后，由于 1 不等于 2，所以 1<>2 为真，结果取值 1。

参考答案

（50）C

试题（51）

若在 Excel 2010 的 A2 单元格中输入"=POWER(MIN(–2, –1,1,2),3)"，按回车键后，A2 单元格中显示的值为___（51）___。

（51）A．–1　　　　B．–8　　　　C．1　　　　D．4

试题（51）分析

本题考查办公软件基础知识。

函数 MIN(–2, –1,1,2)表示取其中的最小值–2，POWER(–2,3)表示取值(–2)^3 即–8。

参考答案

（51）B

试题（52）

在 PowerPoint 2010 中，幻灯片___（52）___是一张特殊的幻灯片，包含已设定格式的占位符。这些占位符是为标题、主要文本和所有幻灯片中出现的背景项目而设置的。

（52）A．模板　　　　B．母版　　　　C．版式　　　　D．样式

试题（52）分析

本题考查办公软件基础知识。

幻灯片母版设定了各幻灯片标题、文本、背景等格式。

参考答案

（52）B

试题（53）

在 PowerPoint 2010 中，将一张幻灯片中的图片及文本框设置成一致的动画显示效果后，___（53）___。

（53）A．图片有动画效果，文本框没有动画效果

　　　B．图片没有动画效果，文本框有动画效果

　　　C．图片有动画效果，文本框也有动画效果

　　　D．图片没有动画效果，文本框也没有动画效果

试题（53）分析

　　本题考查办公软件基础知识。
　　可以为幻灯片的图片和文本框设置一致的动画效果。

参考答案

　　（53）C

试题（54）

　　某一个 PPTX 文档，共有 8 张幻灯片，现选中第 4 张幻灯片，进行改变幻灯片背景设置后，单击"应用"按钮，则___（54）___。
　　（54）A．第 4 张幻灯片的背景被改变
　　　　　B．从第 4 张到第 8 张的幻灯片背景都被改变
　　　　　C．从第 1 张到第 4 张的幻灯片背景都被改变
　　　　　D．除第 4 张外的其他 7 张幻灯片背景都被改变

试题（54）分析

　　本题考查办公软件基础知识。
　　单独选中一张幻灯片，设置背景并单击"应用"后，只对该幻灯片起作用。

参考答案

　　（54）A

试题（55）

　　下列关于索引的叙述中，正确的是___（55）___。
　　（55）A．同一个表可以有多个唯一索引，且只能有一个主索引
　　　　　B．同一个表只能有一个唯一索引，且只能有一个主索引
　　　　　C．同一个表可以有多个唯一索引，且可以有多个主索引
　　　　　D．同一个表只能有一个唯一索引，且可以有多个主索引

试题（55）分析

　　本题考查办公软件基础知识。
　　对同一张数据表，可以建多个索引，但只能有一个主索引。

参考答案

　　（55）A

试题（56）

　　要在数据库表中查找年龄超过 40 岁的女性，应使用___（56）___运算。
　　（56）A．联接　　　B．关系　　　C．选择　　　D．投影

试题（56）分析

　　本题考查办公软件基础知识。
　　在数据库表中，"选择"操作意味着根据某些条件选出若干个记录。

参考答案

　　（56）C

试题（57）

如果表 A 和表 B 中有公共字段，且该字段在表 B 中称为主键，则该字段在表 A 中称为__(57)__。

(57) A．主键　　　　B．外键　　　　C．属性　　　　D．域

试题（57）分析

本题考查办公软件基础知识。

这是外键的定义。

参考答案

(57) B

试题（58）

HTTP 是__(58)__。

(58) A．高级程序设计语言　　　　B．超文本传输协议
　　　C．域名　　　　　　　　　　D．网址超文本传输协议

试题（58）分析

本题考查计算机基础知识。

HTTP 是超文本传输协议。

参考答案

(58) B

试题（59）

__(59)__ 不属于云计算的特点。

(59) A．按需服务　　B．虚拟化　　C．私有化　　D．按使用资源付费

试题（59）分析

本题考查计算机基础知识。

云计算的特点是将计算能力集中到集群的服务器，客户通过虚拟化按需获得所需的资源服务，并根据使用的资源付费。

参考答案

(59) C

试题（60）

信息系统的安全环节很多，其中最薄弱的环节是__(60)__，最需要在这方面加强安全措施。

(60) A．硬件　　　　B．软件　　　　C．数据　　　　D．人

试题（60）分析

本题考查信息安全基础知识。

安全措施七分管理三分技术，就是说针对人的措施更重要。

参考答案

(60) D

第 7 章 2018 下半年信息处理技术员上午试题分析与解答

试题（61）

　　__(61)__ 不属于信息安全技术。

　　(61) A．加密/解密　　　　　　　　　B．入侵检测/查杀病毒
　　　　 C．压缩/解压　　　　　　　　　D．指纹识别/存取控制

试题（61）分析

　　本题考查信息安全基础知识。
　　压缩/解压的目的是减少存储量和传输量，是公开的，没有安全功能。

参考答案

　　(61) C

试题（62）

　　在使用计算机的过程中应增强的安全意识中不包括 __(62)__ 。

　　(62) A．密码最好用随机的六位数字
　　　　 B．不要点击打开来历不明的链接
　　　　 C．重要的数据文件要及时备份
　　　　 D．不要访问吸引人的非法网站

试题（62）分析

　　本题考查信息安全基础知识。
　　密码最好用自己方便记忆而他人难于猜出的字母数字组合，长度适当。

参考答案

　　(62) A

试题（63）

　　标准化的作用不包括 __(63)__ 。

　　(63) A．项目各阶段工作有效衔接　　　B．提高项目管理的整体水平
　　　　 C．保障系统建设科学的预期　　　D．充分发挥各成员的创造性

试题（63）分析

　　本题考查法律法规基础知识。
　　标准化没有强调成员创造，而是强调成员遵循。

参考答案

　　(63) D

试题（64）

　　《信息安全技术云计算服务安全指南》（GB/T31167—2014）属于 __(64)__ 。

　　(64) A．国际标准　　B．国家强制标准　　C．国家推荐标准　　D．行业标准

试题（64）分析

　　本题考查法律法规基础知识。
　　标准的编号中，GB 表示国标（国家标准），T 表示推荐。

参考答案

　　(64) C

试题（65）

某商场统计了每个月的销售总额，坚持了多年。每次公布上月销售额时，还都采用同比和环比概念与历史数据进行对比。以下叙述中，正确的是__(65)__。

(65) A．今年 9 月的销售额与去年 9 月相比的增长率，属于环比
     B．今年 9 月的销售额与今年 8 月相比的增长率，属于同比
     C．环比体现了较短期的趋势，同比体现了较长期的趋势
     D．同比往往受旺季和淡季影响而失去比较意义

试题（65）分析

本题考查信息处理实务基础知识。

环比是与紧前上期相比，体现了较短期的趋势；同比是与去年同期相比，体现了较长期的趋势。

参考答案

(65) C

试题（66）

某学校起草的对信息化教学资源的格式要求中，__(66)__有错误。

(66) A．文本素材使用 Word、Excel 或 PDF 格式
     B．彩色图像采用真彩色（8 位色）
     C．音频采用 MP3 格式，视频采用 FLV 或 MP4 格式
     D．动画采用 GIF 或 Flash 格式

试题（66）分析

本题考查信息处理实务基础知识。

真彩色是用二进制 24 位信息表示的颜色。

参考答案

(66) B

试题（67）

某企业要求将各销售部门上月的销售额制作成图表。__(67)__能直观形象地体现各销售部门的业绩以及在企业总销售额中的比例。

(67) A．饼图　　　B．折线图　　　C．条形图　　　D．直方图

试题（67）分析

本题考查信息处理实务基础知识。

圆饼图体现了各个部分在总体中的占比。

参考答案

(67) A

试题（68）

下图是某国多年来统计的出生人数和死亡人数曲线图。从图中看出，该国从__(68)__年以后，死亡人数超过了出生人数，出现了人口危机。

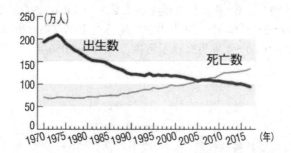

　　（68）A．1970　　　　B．1973　　　　C．2003　　　　D．2008

试题（68）分析

　　本题考查信息处理实务基础知识。

　　图中横坐标是年份，纵坐标是人数。从 2008 年开始死亡人数超过了出生人数。

参考答案

　　（68）D

试题（69）

　　根据某机构的统计与推测，我国人口中男性和女性各个年龄段的百分比如下图。根据该图，以下叙述中正确的是___(69)___。

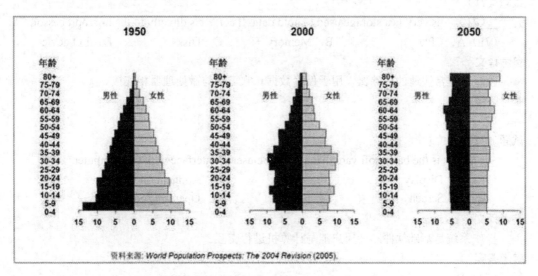

　　（69）A．五十年代初期，0～4 岁孩子约占总人口 13%
　　　　 B．本世纪初，我国三十多岁青年约占总人口 20%
　　　　 C．本世纪中期，我国 0～4 岁孩子占比将降到 5%
　　　　 D．本世纪中期，我国 80 岁以上的女性将占 10%

试题（69）分析

　　本题考查信息处理实务基础知识。

从图中看出，1950 年，0～4 岁男女孩子各占总人口 13%，因此，0～4 岁孩子约占总人口 26%。2000 年，30～34 岁和 35～39 岁男女青年各占 10%左右，所以，三十多岁的青年占总人口 40%左右。2050 年，0～4 岁男女孩子将各占 5%。到 2050 年，80 岁以上女性将占 10%，男性将占 5%左右。

参考答案

（69）D

试题（70）

信息处理技术员需要具备的技能中，一般不包括　（70）　。

（70）A．能利用有关的数据处理软件来处理和展现数据

　　　B．对数据有较强的敏感度，能及时发现一些问题

　　　C．能利用有关的程序语言编写数据分析处理程序

　　　D．能从业务角度向领导解释数据分析处理的结果

试题（70）分析

本题考查信息处理实务基础知识。

编写数据分析处理程序是对程序员的技能要求。

参考答案

（70）C

试题（71）

　（71）　is very fast storage used to hold data. It connects directly to the microprocessor.

（71）A．CPU　　　　　B．Memory　　　　　C．Disk　　　　　D．I/O device

参考译文

主存是非常快速的存储器，用于保存数据。它直接与微处理器相连接。

参考答案

（71）B

试题（72）

　（72）　is the basic software that allows the user to interface with the computer.

（72）A．Display　　　　　　　　　　　B．Application

　　　C．Screen　　　　　　　　　　　D．Operating System

参考译文

操作系统是基础软件，使用户能与计算机进行交互。

参考答案

（72）D

试题（73）

A　（73）　is a copy of a file for use in the event of failure or loss of the original.

（73）A．second storage　　B．buffer　　　　C．backup　　　　D．database

参考译文

备份是文件的拷贝，在原件损坏或丢失时使用。

参考答案

（73）C

试题（74）

When you move the mouse pointer to a ___(74)___ , the pointer's shape usually changes to a pointing hand.

(74) A．hyperlink 　　　　　　　　　B．selected text
　　　C．selected graphic　　　　　　　D．web page

参考译文

将鼠标指针移到超级链接处时，指针的形状通常会变成手形。

参考答案

（74）A

试题（75）

Web pages are viewed with ___(75)___ .

(75) A．application　　B．browser　　C．OS　　D．DBMS

参考译文

网页可用浏览器来浏览。

参考答案

（75）B

第8章 2018下半年信息处理技术员上机考试试题分析与解答

试题一（共 15 分）
　　利用系统提供的素材，按题目要求完成后，用 Word 的保存功能直接存盘。
PM2.5
　　PM2.5，中文名称为细颗粒物，指环境空气中直径小于等于 2.5 微米的颗粒物，也称可入肺颗粒物。它能较长时间悬浮于空气中，其在空气中含量（浓度）越高，就代表空气污染越严重。虽然 PM2.5 只是地球大气成分中含量很少的组分，但它对空气质量和能见度等有重要的影响。与较粗的大气颗粒物相比，PM2.5 粒径小，活性强，易附带有毒、有害物质（例如，重金属、微生物等），且在大气中的停留时间长、输送距离远，因而对人体健康和大气环境质量的影响更大。
　　要求：
　　1.将标题设置为黑体、加粗、一号，水平居中对齐，段前 0.5 行，段后 0.5 行。
　　2.将文中所有的"颗粒物"设置为深红、加粗。
　　3.将页边距设置为上、下 2.5 厘米；左、右 2.2 厘米；纸张大小为自定义（21 厘米×29 厘米）。
　　4.为文档插入页眉，内容为"细颗粒物"，水平居中对齐。
　　5.在正文第一自然段后另起行录入第二段文字：
　　2013 年 2 月，全国科学技术名词审定委员会将 PM2.5 的中文名称命名为细颗粒物。细颗粒物的化学成分主要包括有机碳、元素碳、硝酸盐、硫酸盐、铵盐、钠盐等。

试题一分析
【考查目的】
- 文字录入及编排。
- 开始菜单的使用。
- 页面布局菜单的使用。
- 插入菜单的使用。

【要点分析】
　　本题要点：文档字体设置、页面设置、文字录入、页眉设置。
【操作的关键步骤】
　　（1）文档格式。选定文档对象，通过"开始"菜单下的"字体"命令，进行文档格式设置。
　　（2）页面设置。通过"页面布局"菜单下的"页面设置"命令进行设置。
　　（3）页眉设置。通过"插入"菜单下的"页眉"命令进行设置。

参考答案

细颗粒物

PM2.5

PM2.5，中文名称为细颗粒物，指环境空气中直径小于等于 2.5 微米的颗粒物，也称可入肺颗粒物。它能较长时间悬浮于空气中，其在空气中含量（浓度）越高，就代表空气污染越严重。虽然 PM2.5 只是地球大气成分中含量很少，但它对空气质量和能见度等有重要的影响。与较粗的大气颗粒物相比，PM2.5 粒径小，活性强，易附带有毒、有害物质(例如，重金属、微生物等)，且在大气中的停留时间长、输送距离远，因而对人体健康和大气环境质量的影响更大。

2013 年 2 月，全国科学技术名词审定委员会将 PM2.5 的中文名称命名为细颗粒物。细颗粒物的化学成分主要包括有机碳、元素碳、硝酸盐、硫酸盐、铵盐、钠盐等。

试题二（共 15 分）

用 Word 软件制作如图示的个人简历。按题目要求完成后，用 Word 的保存功能直接存盘。

个人简历

姓名		性别		出生年月	
民族		政治面貌		身高	
学制		学历		户籍	
专业		毕业学校			
个人技能					
外语等级		计算机			
个人履历					
时间	单位		经历		
联系方式					
通讯地址			邮编		
E-mail			联系电话		
自我评价					

要求：
1. 利用相关工具绘制如图示的个人简历。
2. 将标题设置为宋体、二号、加粗、居中；其他文字设置为宋体、五号。

试题二分析
【考查目的】
- 文字设置和编排。
- 绘制表格。

【要点分析】
本题要点：绘制表格、字体设置、录入文字并进行编排。

【操作的关键步骤】
（1）文字编排。使用"开始"菜单下的"字体"命令，进行字号、字体的设置。
（2）表格菜单的使用。使用"插入"菜单下的"表格"命令绘制表格。

参考答案

个人简历

姓名		性别		出生年月	
民族		政治面貌		身高	
学制		学历		户籍	
专业		毕业学校			
个人技能					
外语等级		计算机			
个人履历					
时间	单位		经历		
联系方式					
通讯地址			邮编		
E-mail			联系电话		
自我评价					

试题三（共 15 分）

在 Excel 的 Sheet1 工作表的 A1:F12 单元格区域内创建"体育测试跳远成绩表"（内容如下图所示）。按题目要求完成之后，用 Excel 的保存功能直接存盘。（表格没创建在指定区域将不得分）

	A	B	C	D	E	F
1	体育测试跳远成绩表（单位：米）					
2	姓名	第一跳	第二跳	第三跳	最终成绩	是否合格
3	高秋刚	1.85	1.91	1.98		
4	韩永军	1.9	2.01	2.01		
5	霍军	1.88	1.98	2.01		
6	李文良	2.14	2.08	2.06		
7	庞小瑞	1.98	2.01	2.06		
8	杨海茹	1.85	1.91	1.89		
9	张金海	1.95	1.97	1.96		
10	张金科	2.02	2.05	2.08		
11	最高成绩					
12	合格率					

要求：

1. 表格要有可视的边框，并将标题文字设置为宋体、16 磅、居中。
2. 用 MAX 函数计算每名选手的最终成绩（三次跳远中最好的成绩），将计算结果填入对应单元格中。
3. 用 IF 函数计算选手是否合格，有一次成绩达到 2 米以上即在对应的单元格中显示"合格"，否则显示"不合格"。
4. 用 MAX 函数计算最终成绩中的最高成绩，将计算结果填入对应单元格中。
5. 用 COUNTIF 和 COUNTA 函数计算合格率，以百分比形式表示，保留两位有效数字，将计算结果填入对应单元格中。

试题三分析

【考查目的】
- 用 Excel 创建工作表。
- 单元格格式设置。
- 函数计算。

【要点分析】
本题要点：文字的编排（包括字体、字号等）、单元格格式设置、函数计算。

【操作的关键步骤】
（1）文字的编排。使用"开始"菜单下的"字体"命令进行设置。
（2）函数计算。高秋刚最终成绩计算函数为："=MAX(B3:D3)"；是否合格计算函数为："=IF(E3>2,"合格","不合格")"；最高成绩计算函数为："=MAX(E3:E10)"；合格率计算函数为："=COUNTIF(F3:F10,"合格")/COUNTA(F3:F10)"。

参考答案

	A	B	C	D	E	F
1	体育测试跳远成绩表（单位：米）					
2	姓名	第一跳	第二跳	第三跳	最终成绩	是否合格
3	高秋刚	1.85	1.91	1.98	1.98	不合格
4	韩永军	1.9	2.01	2.01	2.01	合格
5	霍军	1.88	1.98	2.01	2.01	合格
6	李文良	2.14	2.08	2.06	2.14	合格
7	庞小瑞	1.98	2.01	2.06	2.06	合格
8	杨海茹	1.85	1.91	1.89	1.91	不合格
9	张金海	1.95	1.97	1.96	1.97	不合格
10	张金科	2.02	2.05	2.08	2.08	合格
11	最高成绩				2.14	
12	合格率				63%	

试题四（共 15 分）

利用系统提供的资料，按照题目要求，用 PowerPoint 制作演示文稿，完成后用 PowerPoint 的保存功能直接存盘。

幻灯片文字资料：

1. 热烈祝贺中国共产党第十九次全国代表大会隆重开幕。

2. 大会的主题是：不忘初心，牢记使命，高举中国特色社会主义伟大旗帜，决胜全面建成小康社会，夺取新时代中国特色社会主义伟大胜利，为实现中华民族伟大复兴的中国梦不懈奋斗。

习近平强调，不忘初心，方得始终。中国共产党人的初心和使命，就是为中国人民谋幸福，为中华民族谋复兴。全党同志一定要永远与人民同呼吸、共命运、心连心，永远把人民对美好生活的向往作为奋斗目标，以永不懈怠的精神状态和一往无前的奋斗姿态，继续朝着实现中华民族伟大复兴的宏伟目标奋勇前进。

要求：

1. 第一张幻灯片版式为"仅标题"，标题内容为"文字资料1"的内容，设置文字为40磅、仿宋、红色、居中；设置标题占位符在幻灯片上的位置为垂直5.0厘米。

2. 第二张幻灯片版式为"两栏内容"，两栏内容分别为"幻灯片文字资料2"的两段内容，字体设置为24磅、仿宋、黑色。

3. 演示文稿应用"龙腾四海"主题，并插入"幻灯片编号"。

4. 第一张幻灯片的标题设置自定义动画，进入效果为"百叶窗"，方向为"垂直"，速度为"中速"。

5. 第二张幻灯片设置切换效果为"向右擦除"，切换速度为"中速"。

试题四分析

【考查目的】

用 PowerPoint 模板制作演示文稿并对文稿进行"动画效果"设置等。

【要点分析】

本题要点：PowerPoint 的基本操作。

【操作的关键步骤】

（1）熟悉 PowerPoint 的基本操作。

（2）应用"开始"菜单下的"字体"命令设置字体、字号等。

（3）应用"动画"菜单下的"动画"命令进行动画设置。

（4）应用"插入"菜单下的"文本框"命令进行分栏设置。

参考答案

热烈祝贺中国共产党第十九次全国代表大会隆重开幕。

大会的主题是：不忘初心，牢记使命，高举中国特色社会主义伟大旗帜，决胜全面建成小康社会，夺取新时代中国特色社会主义伟大胜利，为实现中华民族伟大复兴的中国梦不懈奋斗。

习近平强调，不忘初心，方得始终。中国共产党人的初心和使命，就是为中国人民谋幸福，为中华民族谋复兴。全党同志一定要永远与人民同呼吸、共命运、心连心，永远把人民对美好生活的向往作为奋斗目标，以永不懈怠的精神状态和一往无前的奋斗姿态，继续朝着实现中华民族伟大复兴的宏伟目标奋勇前进。

试题五（共 15 分）

在 Excel 的 Sheet1 工作表的 A1:F12 单元格区域内创建"学生成绩表"（内容如下图所示）。按题目要求完成后，用 Excel 的保存功能直接存盘。（表格没创建在指定区域将不得分）

	A	B	C	D	E	F
1	学生期末考试成绩表					
2	学号	语文	数学	英语	平均成绩	等级评定
3	20180101	98	92	87		
4	20180102	89	84	87		
5	20180103	98	69	90		
6	20180104	78	78	69		
7	20180105	99	48	45		
8	20180106	66	78	40		
9	20180107	59	60	68		
10	20180108	55	40	80		
11	最高分					
12	及格率					

要求：
1. 表格要有可视的边框，并将标题文字设置为宋体、16 磅、居中。
2. 用 AVERAGE 函数计算每名学生的平均成绩，保留 1 位小数，将计算结果填入对应单元格中。
3. 用 MAX 函数计算各科目的最高分，将计算结果填入对应单元格中。
4. 用 COUNTIF 和 COUNT 函数计算各科目的及格率，其中每名学生该学科成绩大于等于 60 为及格，将计算结果填入对应单元格中。
5. 在相应单元格内用 IF 函数计算每名学生的等级评定：平均成绩大于等于 85 为优，大于等于 60 为良，否则为差。

试题五分析

【考查目的】
- 用 Excel 创建工作表。
- 单元格格式设置。
- 函数计算。

【要点分析】
本题要点：文字的编排（包括字体、字号等）、单元格格式设置、函数计算。

【操作的关键步骤】
（1）文字的编排。使用"开始"菜单下的"字体"命令进行设置。
（2）函数计算。编号为 20180101 的学生平均成绩计算函数为："=AVERAGE(B3:D3)"；等级评定计算函数为："=IF(E3>=85,"优",IF(E3>=60,"良","差"))"；语文最高分计算函数为："=MAX(B3:B10)"；及格率计算函数为："=COUNTIF(B3:B10,">=60")/COUNT(B3:B10)"。

参考答案

	A	B	C	D	E	F
1	学生期末考试成绩表					
2	学号	语文	数学	英语	平均成绩	等级评定
3	20180101	98	92	87	92.3	优
4	20180102	89	84	87	86.7	优
5	20180103	98	69	90	85.7	优
6	20180104	78	78	69	75.0	良
7	20180105	99	48	45	64.0	良
8	20180106	66	78	40	61.3	良
9	20180107	59	60	68	62.3	良
10	20180108	55	40	80	58.3	差
11	最高分	99	92	90		
12	及格率	0.75	0.75	0.75		

第9章 2019上半年信息处理技术员上午试题分析与解答

试题（1）

以下应用除 __(1)__ 外都是 ABC 技术（人工智能-大数据-云计算）的典型应用。

(1) A．公共场合通过人脸识别发现通缉的逃犯
  B．汽车上能选择最优道路的自动驾驶系统
  C．通过条件查询在数据库中查找所需数据
  D．机器人担任客服，回答客户咨询的问题

试题（1）分析

本题考查信息和信息技术基本概念。

人脸识别、自动驾驶和机器人客服都需要大数据做基础，前端感知图像或语音，送到云端进行处理，智能识别图像和语音。在数据库中实现条件查询属于传统的技术。

参考答案

(1) C

试题（2）

企业数字化转型是指企业在数字经济环境下，利用数字化技术和能力实现业务的转型、创新和增长。企业数字化转型的措施不包括 __(2)__ 。

(2) A．研究开发新的数字化产品和服务   B．创新客户体验，提高客户满意度
   C．重塑供应链和分销链，去中介化   D．按不断增长的数字指标组织生产

试题（2）分析

本题考查信息和信息技术基本概念。

企业数字化是现阶段企业信息化的主要措施，不是按数字指标组织生产。

参考答案

(2) D

试题（3）

企业上云就是企业采用云计算模式部署信息系统。企业上云已成为企业发展的潮流，其优势不包括 __(3)__ 。

(3) A．将企业的全部数据、科研和技术都放到网上，以利共享
  B．全面优化业务流程，加速培育新产品、新模式、新业态
  C．从软件、平台、网络等各方面，加快两化深度融合步伐
  D．有效整合优化资源，重塑生产组织方式，实现协同创新

试题（3）分析

本题考查信息和信息技术基本概念。

企业不能将自己的全部数据、科研成果与竞争企业共享。

参考答案

(3) A

试题（4）

将四个元素 a,b,c,d 分成非空的两组，不计组内顺序和组间顺序，共有__(4)__种分组方法。

(4) A. 6　　　　　B. 7　　　　　C. 8　　　　　D. 12

试题（4）分析

本题考查初等数学应用知识。

四个元素 a，b，c，d 分成非空的两组，不计组内顺序和组间顺序，共有七组：(a，bcd)，(b，acd)，(c，abd)，(d，abc)，(ab，cd)，(ac，bd)，(ad，bc)。

参考答案

(4) B

试题（5）

某企业去年四次核查的钢材库存量情况如下表：

日期	1月1日	4月30日	9月1日	12月31日
库存量（吨）	22	24	19	18

用加权平均法计算出该企业去年钢材平均库存量为__(5)__吨（中间各次核查数据的权都取 1，首次与末次核查数据的权都取 0.5）。

(5) A. 20.5　　　　B. 20.75　　　　C. 21.0　　　　D. 21.5

试题（5）分析

本题考查初等数学应用知识。

对 22、24、19、18 分别按权 0.5、1、1、0.5 加权平均得(0.5×22+1×24+1×19+0.5×18)/(0.5+1+1+0.5)=21。

参考答案

(5) C

试题（6）

某地区去年粮食产量资料如下表：

粮食种类	产量/万吨	占比
稻谷	1800	36%
小麦		30%
薯类		
其他	500	

根据该表可以推算出，该地区去年薯类的产量为__(6)__万吨。

(6) A. 1000　　　　B. 1200　　　　C. 1250　　　　D. 1500

试题（6）分析

本题考查初等数学应用知识。

该地区的稻谷总产量为1800/36%=5000（万吨）。小麦产量为5000×30%=1500（万吨）。薯类产量为5000–1800–1500–500=1200（万吨）。

参考答案

（6）B

试题（7）

数据属性有三大类：业务属性、技术属性（与技术实现相关的属性）和管理属性。以下属性中，__（7）__属于业务属性。

（7）A．数据来源　　　B．数据格式　　　C．数据类型　　　D．颁布日期

试题（7）分析

本题考查信息处理基础知识。

数据来源与业务密切相关，数据格式和数据类型属于技术属性，颁布日期属于管理属性。

参考答案

（7）A

试题（8）

电子商务网站上可以收集到大量客户的基础数据、交易数据和行为数据。以下数据中，__（8）__不属于行为数据。

（8）A．会员信息　　　B．支付偏好　　　C．消费途径　　　D．消费习惯

试题（8）分析

本题考查信息处理基础知识。

会员注册时登录的信息属于基础数据，支付偏好和消费习惯属于行为数据，消费途径以及消费金额属于交易数据。

参考答案

（8）A

试题（9）

企业的数据资产不包括__（9）__。

（9）A．设备的运行数据　　　　　　B．经营管理数据
　　 C．上级的政策文件　　　　　　D．客户服务数据

试题（9）分析

本题考查信息处理基础知识。

上级政策文件是政府机构的数据资源，不属于企业资产。

参考答案

（9）C

试题（10）

为支持各级管理决策，信息处理部门提供的数据不能过于简化，也不能过于烦琐，不要提供大量不相关的数据。这是信息处理的__（10）__要求。

（10）A．准确性　　　B．适用性　　　C．经济性　　　D．安全性

试题（10）分析

本题考查信息处理基础知识。

信息处理需要适用的数据，不要过于简化或过于烦琐，不要不相关的数据。

参考答案

（10）B

试题（11）

企业信息化总体架构的核心部分包括业务架构、信息架构、应用架构和技术架构四个部分，其中面向最终用户的是__(11)__。

(11) A．业务架构　　　B．信息架构　　　C．应用架构　　　D．技术架构

试题（11）分析

本题考查信息处理基础知识。

最终用户是从业务角度看待系统的，开发人员、研究人员则需要从信息架构、应用架构和技术架构来看待系统。

参考答案

（11）A

试题（12）

数据分析经常需要把复杂的数据分组，并选取代表，将大量数据压缩或合并得到一个较小的数据集。这个过程称为__(12)__。

(12) A．数据清洗　　　B．数据精简　　　C．数据探索　　　D．数据治理

试题（12）分析

本题考查信息处理基础知识。

数据精简就是指把庞大的、复杂的数据集分组并选取代表，将大量数据压缩或合并得到一个较小的数据集。

参考答案

（12）B

试题（13）

处理海量数据时，删除重复数据的作用不包括__(13)__。

(13) A．加快数据检索　　　　　　　B．提升存储空间利用率
　　　C．防止数据泄露　　　　　　　D．降低存储扩展的成本

试题（13）分析

本题考查信息处理基础知识。

删除重复数据与防止数据泄露不相关。

参考答案

（13）C

试题（14）

企业建立生产和库存管理系统的目的不包括__(14)__。

(14) A．提高生产效率并降低成本　　　B．改进产品并提高服务质量

　　　　　　C．改进决策过程提高竞争力　　　　D．向社会展示企业新的形象

试题（14）分析

　　本题考查信息处理基础知识。

　　展示企业形象不是目的，而是管理系统建设的效果之一。

参考答案

　　（14）D

试题（15）

　　火车站供旅客使用的终端属于__（15）__。

　　（15）A．PC 终端　　　　B．移动终端　　　　C．自助终端　　　　D．物联终端

试题（15）分析

　　本题考查计算机基础知识。

　　火车站常见订票、查询、取票等自助终端机，方便旅客。

参考答案

　　（15）C

试题（16）

　　微处理器的性能指标不包括__（16）__。

　　（16）A．主频　　　　B．字长　　　　C．存取周期　　　　D．Cache 容量

试题（16）分析

　　本题考查计算机基础知识。

　　存取周期是主存的性能指标。

参考答案

　　（16）C

试题（17）

　　显示器尺寸（如 17 英寸）指的是显示器__（17）__。

　　（17）A．外框宽度　　　　　　　　　　B．屏幕宽度
　　　　　C．屏幕高度　　　　　　　　　　D．屏幕对角线长度

试题（17）分析

　　本题考查计算机基础知识。

　　按国际标准，显示器尺寸按屏幕对角线长度度量。

参考答案

　　（17）D

试题（18）

　　自动驾驶系统属于__（18）__软件。

　　（18）A．信息管理与服务　　　　　　　B．辅助设计
　　　　　C．实时控制　　　　　　　　　　D．语言翻译

试题（18）分析

　　本题考查计算机基础知识。

按应用软件的分类，自动驾驶系统属于实时控制软件。

参考答案

（18）C

试题（19）

某软件公司规定，该公司软件产品的版本号由二至四个部分组成：主版本号.次版本号[.内部版本号][.修订号]。对该公司同一软件的以下四个版本号中，最新的版本号是 （19） 。

（19）A．4.6.3　　　　B．5.0　　　　C．5.2　　　　D．4.7.2.3

试题（19）分析

本题考查计算机基础知识。

5.2 版表示主版本号为 5（第 5 版），次版本号为 2（第 5 版中的第 2 版）。

参考答案

（19）C

试题（20）

以下文件格式中，　（20）　是视频文件。

（20）A．WMV　　　　B．JPG　　　　C．MID　　　　D．BMP

试题（20）分析

本题考查计算机基础知识。

JPG 和 BMP 格式属于图像文件，MID 格式属于音频文件。

参考答案

（20）A

试题（21）

国际标准化组织提出的开放系统互连 OSI 参考模型，将计算机网络分成 7 层，其中最底层是 （21） 。

（21）A．物理层　　　　B．数据链路层　　　　C．网络层　　　　D．传输层

试题（21）分析

本题考查计算机基础知识。

物理层负责比特流的传输，属于网络中的最底层。

参考答案

（21）A

试题（22）

　（22）　是一种网络客户端软件，它能显示网页，并实现网页之间的超级链接。

（22）A．操作系统　　　　B．电子邮件　　　　C．浏览器　　　　D．WPS

试题（22）分析

本题考查计算机基础知识。

浏览器就是一种网络客户端软件，用于浏览网页等。

参考答案

（22）C

试题（23）

电子商务有多种模式。__(23)__ 模式是个人消费者从在线商家处购买商品和服务。

(23) A．B2B B．B2C C．B2G D．C2C

试题（23）分析

本题考查计算机基础知识。

B2C 属于商户（Business）对（to，two）客户（Customer）的服务模式。

参考答案

(23) B

试题（24）

如果经过反复修改的文档或出版物已经定稿或制作完成，不再修改，需要送到其他电脑上打印，为防止不同电脑、不同软件版本或他人误操作导致文档发生变化，最好将该文档以__(24)__格式保存并传送。

(24) A．docx B．wps C．ppt D．PDF

试题（24）分析

本题考查计算机基础知识。

一般的文档放在不同的计算机上可能会略有些差异，而 PDF 格式不能随意改动，内容和格式定型后，用它来传送，可保持原样。

参考答案

(24) D

试题（25）

鼠标指针的形状取决于它所在的位置以及与其他屏幕元素的相互关系。在文字处理的文本区域，指针就像__(25)__，指向当前待插入字符的位置。

(25) A．指向左上方的箭头 B．双箭头
    C．字母 I D．沙漏

试题（25）分析

本题考查计算机基础知识。

在文字编辑时，屏幕上的鼠标指针呈现为字母 I 形状，指向当前位置。

参考答案

(25) C

试题（26）

软件运行时使用了不该使用的命令导致软件出现故障，这种故障属于__(26)__。

(26) A．配置性故障 B．兼容性故障
    C．操作性故障 D．冲突性故障

试题（26）分析

本题考查计算机基础知识。

软件运行时使用了不该使用的命令导致软件出现故障，这种故障是由用户操作造成的，称为操作性故障。

参考答案

(26) C

试题（27）

以下关于计算机维护的叙述中，不正确的是__(27)__。

(27) A．闪电或雷暴时应关闭计算机和外设

B．数据中心的 UPS 可在停电时提供备份电源

C．注意保持 PC 机和外设的清洁

D．磁场对计算机的运行没有影响

试题（27）分析

本题考查计算机基础知识。

强磁场对显示有影响，所以计算机不能太靠近电视机。

参考答案

(27) D

试题（28）

软件发生故障后，往往通过重新配置、重新安装或重启电脑后可以排除故障。软件故障的这一特点称为__(28)__。

(28) A．功能性错误　　B．随机性　　C．隐蔽性　　D．可恢复性

试题（28）分析

本题考查计算机基础知识。

通过重启操作可以纠正的故障属于可恢复故障。

参考答案

(28) D

试题（29）

纸张与__(29)__是使用喷墨打印机所需的消耗品。

(29) A．色带　　B．墨盒　　C．硒鼓　　D．碳粉

试题（29）分析

本题考查计算机基础知识。

喷墨打印机需要用墨盒、纸张等消耗品。

参考答案

(29) B

试题（30）

Windows 7 控制面板中，可通过__(30)__查看系统的一些关键信息，调整视觉效果、调整索引选项、调整电源设置及打开磁盘清理等。

(30) A．程序和功能　　　　　　B．个性化

C．性能信息和工具　　　　D．管理工具

试题（30）分析

本题考查计算机基础知识。

Windows 7 控制面板中，有"性能信息和工具"选项卡，用来查看系统配置信息、调整某些设置，使用某些维护工具等。

参考答案

（30）C

试题（31）

在 Word 2010 中，__(31)__ 快捷键可以选定当前文档中的全部内容。

（31）A．Shift+A　　　B．Shift+V　　　C．Ctrl+A　　　D．Ctrl+V

试题（31）分析

本题考查办公软件基础知识。

为选定当前文档中的全部内容（ALL），可用快捷键 Ctrl+A。

参考答案

（31）C

试题（32）

Word 2010 文档中，某个段落最后一行只有一个字符，__(32)__ 不能把该字符合并到上一行。

（32）A．减少页的左右边距　　　　B．减小该段落的字体的字号
　　　C．减小该段落的字间距　　　　D．减小该段落的行间距

试题（32）分析

本题考查办公软件基础知识。

减小该段落的行间距不会改变行数，不会改变每行的字符数。

参考答案

（32）D

试题（33）

在 Word 2010 编辑状态下，按住 Alt 键的同时在文本上拖动鼠标，可以 __(33)__ 。

（33）A．选择整段文本　　　　　B．选择不连续的文本
　　　C．选择整篇文档　　　　　D．选择矩形文本块

试题（33）分析

本题考查办公软件基础知识。

按住 Alt 键的同时在文本上拖动鼠标，可以选择矩形文本块；

按住 Ctrl 键的同时在文本上拖动鼠标，可以选择当前行，也可以多次选择不连续的文本块；

按住 Shift 键的同时在文本上拖动鼠标，可以选择后续文本块。

参考答案

（33）D

试题（34）

以下关于 Word 2010 图形和图片的叙述中，不正确的是__(34)__ 。

（34）A．剪贴画属于一种图形
　　　B．图片一般来自一个文件

C．图形是用户用绘图工具绘制而成的
D．图片可以源自扫描仪和手机

试题（34）分析

本题考查办公软件基础知识。

剪贴画是一种特殊的画，不用笔，而是用各种材料剪贴而成的。图形是用绘图工具制作的。

参考答案

（34）A

试题（35）

在 Word 2010 "查找和替换" 文本框中，输入__（35）__符号可以搜索 0 到 9 的数字。

（35）A．^#　　　　B．^$　　　　C．^&　　　　D．^*

试题（35）分析

本题考查办公软件基础知识。

符号 "#" 代表该位置上的一个数字。

参考答案

（35）A

试题（36）

在 Word 2010 中，以下关于 "Backspace" 键与 "Delete" 键的叙述，正确的是__（36）__。

（36）A．"Delete" 可以删除光标前一个字符
　　　B．"Delete" 可以删除光标前一行字符
　　　C．"Backspace" 可以删除光标后一个字符
　　　D．"Backspace" 可以删除光标前一个字符

试题（36）分析

本题考查办公软件基础知识。

按键盘上的 Backspace 键可以删除光标前一个字符，按 Delete 键可以删除光标后一个字符。

参考答案

（36）D

试题（37）

Word 2010 中的格式刷可用于复制段落的格式，若要将选中的当前段落格式重复应用多次，应__（37）__。

（37）A．单击格式刷　　　　　　B．双击格式刷
　　　C．右击格式刷　　　　　　D．拖动格式刷

试题（37）分析

本题考查办公软件基础知识。

双击格式刷可以多次复制所选段落的格式。

参考答案

（37）B

试题（38）

在 Word 2010 编辑状态下，要打印文稿的第 1 页、第 3 页和第 9 页，可在打印页码范围中输入__(38)__。

(38) A. 1、3-9　　　B. 1，3，9　　　C. 1-3，3-9　　　D. 1-3，9

试题（38）分析

本题考查办公软件基础知识。

连接符"-"表示页码范围，例如 3-9 页意味着从第 3 页到第 9 页。

参考答案

(38) B

试题（39）

Word 2010 中，按下 Ctrl 键的同时用鼠标拖动选定文本可实现__(39)__。

(39) A. 移动操作　　B. 复制操作　　C. 剪切操作　　D. 粘贴操作

试题（39）分析

本题考查办公软件基础知识。

按下 Ctrl 键的同时用鼠标拖动可实现多个文本块内容的复制操作。

参考答案

(39) B

试题（40）

在 Word 2010 文档中，可通过__(40)__设置行间距。

(40) A. "页面布局"菜单下的"页面设置"命令
　　　B. "插入"菜单下的"页眉页脚"命令
　　　C. "开始"菜单下的"段落"命令
　　　D. "引用"菜单下的"引文与书目"命令

试题（40）分析

本题考查办公软件基础知识。

"段落"菜单中可设置行间距、段前距、段后距等。

参考答案

(40) C

试题（41）

在设定好纸张大小的情况下，要调整设置每页行数和每行字数，可通过页面设置对话框中的__(41)__命令进行设置。

(41) A. 页边距　　　B. 版式　　　C. 文档网络　　　D. 纸张

试题（41）分析

本题考查办公软件基础知识。

利用页面布局下的文档网络，可以为每页设定行数，为每行设定字符数。

参考答案

(41) C

试题（42）

在 Excel2010 中，一个完整的函数包括__（42）__。

（42）A．"="和函数名　　　　　　　B．函数名和变量
　　　C．"="和变量　　　　　　　　D．"="、函数名和变量

试题（42）分析

本题考查办公软件基础知识。

在单元格内输入"=函数名（若干个变量）"就可以进行函数计算并为此单元格赋值。

参考答案

（42）D

试题（43）

在 Excel 2010 中，设单元格 A1、B1、C1、A2、B2、C2 中的值分别为 1、2、3、4、5、6，若在单元格 D1 中输入函数"=MAX(A1:A2,B1:C2)"，按回车键后，则 D1 单元格中的值为__（43）__。

（43）A．2　　　　B．3　　　　C．4　　　　D．6

试题（43）分析

本题考查办公软件基础知识。

先算出区域 A1:A2 的最大值 4，算出区域 B1:C2 的最大值 6，再算出 4 和 6 之间的最大值 6，赋值给单元格 D1。

参考答案

（43）D

试题（44）

在 Excel 2010 中，设 G3 单元格的公式是"=$D$3+E3+F3"，若以序列方式向下填充，则 G12 单元格的公式是__（44）__。

（44）A．=D12+E12+F12　　　　　B．=D3+E3+F3
　　　C．=$D$12+E12+F12　　　　D．=$D$3+E12+F12

试题（44）分析

本题考查办公软件基础知识。

$D$3 是绝对地址，填充到其他单元格后不会变化。E3 和 F3 都是相对地址，从 G3 单元格向下填充到 G12 单元格时，E 和 F 没有变化，第 3 行则会变成第 12 行。

参考答案

（44）D

试题（45）

在 Excel 2010 中，设单元格 A1、A2、A3、B1 中的值分别为 56、97、121、86，若在单元格 C1 中输入函数"=IF(B1>A1,"E",IF(B1>A2,"F","G"))"，按回车键后，则 C1 单元格中显示__（45）__。

（45）A．E　　　　B．F　　　　C．G　　　　D．A3

试题（45）分析

本题考查办公软件基础知识。

由于 86>56，所以 B1>A1，因此 C1 单元格被赋值字符 E。

参考答案

（45）A

试题（46）

在 Excel 2010 中，设 A1 单元格中的值为 20，A2 单元格中的值为 60，若在 C1 单元格中输入函数 "=AVERAGE(A1,A2)"，按回车键后，则 C1 单元格中的值为　(46)　。

（46）A．20　　　　B．40　　　　C．60　　　　D．80

试题（46）分析

本题考查办公软件基础知识。

AVERAGE(A1,A2) 为 A1 和 A2 单元格内容（20 和 60）的平均值 40。

参考答案

（46）B

试题（47）

Excel 2010 中不存在的填充类型是　(47)　。

（47）A．等差序列　　B．等比序列　　C．排序　　D．日期

试题（47）分析

本题考查办公软件基础知识。

填充意味着按一定方式不断延续获得新的内容，等差序列实际上实现了常规的排序方式。

参考答案

（47）C

试题（48）

Excel 2010 公式中可以使用多个运算符，以下关于运算符优先级的叙述中，不正确的是　(48)　。

（48）A．"&" 优先级高于 "="　　　　B．"%" 优先级高于 "+"
　　　　C．"-" 优先级高于 "&"　　　　D．"%" 优先级高于 "："

试题（48）分析

本题考查办公软件基础知识。

Excel 的运算符共有四类，按优先级从高到低分别是：引用运算符（例如冒号表示多个连续的单元格），算术运算符（例如百分比号、加号、减号），文本运算符（例如&表示连接两个字符串），比较运算符（例如等号）。百分比号的优先级大于加号。

参考答案

（48）D

试题（49）

在 Excel 2010 中，设单元格 A1、A2、A3、A4 中的值分别为 20、3、16、20，若在单元

格 B1 中输入函数"=PRODUCT(A1:A2)/MAX(A3,A4)",按回车键后,则 B1 单元格中的值为___(49)___。

(49) A. 3　　　　　B. 30　　　　　C. 48　　　　　D. 59

试题(49)分析

本题考查办公软件基础知识。

PRODUCT(A1:A2)为 20×3=60,MAX(A3,A4)为 16 与 20 中取最大值 20,60/20=3。

参考答案

(49) A

试题(50)

WPS 表格中有一个数据非常多的报表,打印时需要每页顶部出现表头,可设置___(50)___。

(50) A. 打印范围　　　　　　　　B. 打印标题行
　　　C. 打印标题列　　　　　　　D. 打印区域

试题(50)分析

本题考查办公软件基础知识。

打印时选择"打印标题行"将使每页顶部都出现标题行。

参考答案

(50) B

试题(51)

在 Excel 2010 中的 A1 单元格输入___(51)___,按回车键后,该单元格值为 0.25。

(51) A. 5/20　　　　B. =5/20　　　　C. "5/20"　　　　D. ="5/20"

试题(51)分析

本题考查办公软件基础知识。

公式前有等号才能给单元格赋值。双引号内作为字符串,并不进行算术运算。

参考答案

(51) B

试题(52)

在 Excel 2010 中,设单元格 A1、B1、C1、A2、B2、C2 中的值分别为 1、2、3、4、5、6,若在单元格 D1 中输入公式"=MAX(A1:C2)-MIN(A1:C2)",按回车键后,则 D1 单元格中的值为___(52)___。

(52) A. 1　　　　　B. 3　　　　　C. 5　　　　　D. 6

试题(52)分析

本题考查办公软件基础知识。

A1:C2 指定了 6 个单元格的矩形区域,该区域的最大值 MAX(A1:C2)为 6,最小值 MIN(A1:C2)为 1,因此 MAX(A1:C2)-MIN(A1:C2)的值为 5。

参考答案

(52) C

试题（53）

在 Excel 2010 中，A1 和 B1 单元格中的值分别为"12"和"34"，在 C1 中输入公式"=A1&B1"，按回车键后，则 C1 中的值为__(53)__。

(53) A．1234　　　　　B．12　　　　　C．34　　　　　D．46

试题（53）分析

本题考查办公软件基础知识。

"&"是字符串接续的运算符。

参考答案

(53) A

试题（54）

在 Excel 2010 中，为将数据单位定义为"万元"，且带两位小数，应自定义__(54)__格式。

(54) A．0.00 万元　　　　　　　　　B．0!.00 万元
　　 C．0/10000.00 万元　　　　　　D．0!.00，万元

试题（54）分析

本题考查办公软件基础知识。

Excel 可以自定义数据格式，包括小数点后的位数，数据单位名称等，用 0 表示数位。

参考答案

(54) A

试题（55）

在 PowerPoint 2010 中，应用版式后，版式__(55)__。

(55) A．不能修改，也不能删除　　　B．可以修改，也可以删除
　　 C．可以修改，但不能删除　　　D．不能修改，也不能删除

试题（55）分析

本题考查办公软件基础知识。

PowerPoint 应用版式后，可以修改，也可以删除。

参考答案

(55) B

试题（56）

__(56)__是幻灯片缩小之后的打印件，可供观众观看演示文稿放映时参考。

(56) A．图片　　　B．讲义　　　C．演示文稿大纲　　　D．演讲者备注

试题（56）分析

本题考查办公软件基础知识。

PowerPoint 可以在打印纸上每页打印六张幻灯片，作为讲义发给参会者。

参考答案

(56) B

试题（57）

当前，许多商业 DBMS 中所用的主要数据模型是__(57)__。

(57) A. 层次模型　　　B. 关系模型　　　C. 网状模型　　　D. 对象模型

试题（57）分析

本题考查办公软件基础知识。

现在主流的数据库为关系数据库，采用的数据模型为关系模型。

参考答案

（57）B

试题（58）

某高校数据库系统中，一个教师可以教授多门课程，一门课程也可以由多个教师讲授，则教师与课程之间的关系类型为__(58)__。

(58) A. 一对一联系　　　　　　　B. 一对多联系

　　　C. 多对多联系　　　　　　　D. 无联系

试题（58）分析

本题考查办公软件基础知识。

一般来说，教师与课程之间的关系类型为多对多联系。

参考答案

（58）C

试题（59）

网站一般使用__(59)__协议为客户提供 Web 浏览服务。

(59) A. FTP　　　　B. HTTP　　　　C. SMTP　　　　D. POP3

试题（59）分析

本题考查计算机基础知识。

多数网站采用 HTTP（或加密版的 HTTPs）协议为客户提供 Web 浏览服务。

参考答案

（59）B

试题（60）

计算机安全防护措施不包括__(60)__。

(60) A. 定期查杀病毒和木马　　　　B. 及时下载补丁并修复漏洞

　　　C. 加强账户安全和网络安全　　D. 每周清理垃圾和优化加速

试题（60）分析

本题考查信息安全基础知识。

每周清理垃圾和优化加速不属于安全措施，属于提倡的维护措施。

参考答案

（60）D

试题（61）

__(61)__不属于保护数据安全的技术措施。

(61) A. 数据加密　　　B. 数据备份　　　C. 数据隔离　　　D. 数据压缩

试题（61）分析

本题考查信息安全基础知识。

数据压缩不属于信息安全措施，目的是减少存储空间和传送时间。

参考答案

（61）D

试题（62）

信息系统通常会自动实时地将所有用户的操作行为记录在日志中，其目的是使系统安全运维__（62）__。

（62）A．有法可依　　　　　　　　　B．有据可查，有迹可循
　　　 C．有错可训　　　　　　　　　D．有备份可恢复

试题（62）分析

本题考查信息安全基础知识。

记录日志可供统计、审计、追责等使用。

参考答案

（62）B

试题（63）

《数据中心设计规范》GB50174—2017 属于__（63）__。

（63）A．国际标准　　　B．国家强制标准　　　C．国家推荐标准　　　D．行业标准

试题（63）分析

本题考查法律法规基础知识。

GB 表示强制性的国标（国家标准），GB/T 表示国家推荐标准。

参考答案

（63）B

试题（64）

我国的信息安全法律法规包括国家法律、行政法规和部门规章及规范性文件等。__（64）__属于部门规章及规范性文件。

（64）A．全国人民代表大会常务委员会通过的维护互联网安全的决定
　　　 B．国务院发布的中华人民共和国计算机信息系统安全保护条例
　　　 C．国务院发布的中华人民共和国计算机信息网络国际联网管理暂行规定
　　　 D．公安部发布的计算机病毒防治管理办法

试题（64）分析

本题考查法律法规基础知识。

全国人大和国务院颁布的是国家法律法规，各部委颁布的是部门规章制度。

参考答案

（64）D

试题（65）

某机构准备调研并发布中国互联网发展年度报告，分四个方面：全网概况、访问特征、

渠道分析和行业视角。用户 24 小时上网时间分布应属于 __(65)__ 方面的内容。

(65) A. 全网概况　　　B. 访问特征　　　C. 渠道分析　　　D. 行业视角

试题（65）分析

本题考查信息处理实务基础知识。

用户 24 小时上网时间分布属于网民上网的行为特征。

参考答案

(65) B

试题（66）

某互联网公司建立的用户画像（标签化的用户信息）包括人口属性和行为特征两大类，__(66)__ 属于行为特征。

(66) A. 性别　　　　　B. 年龄段　　　　C. 消费偏好　　　D. 工作地点

试题（66）分析

本题考查信息处理实务基础知识。

消费偏好、支付偏好等属于上网行为特征。

参考答案

(66) C

试题（67）

数据采集工作的注意事项不包括 __(67)__ 。

(67) A. 要全面了解数据的原始面貌
　　　B. 要制定科学的规则控制采集过程
　　　C. 要从业务上理解数据，发现异常
　　　D. 要根据个人爱好筛选采集的数据

试题（67）分析

本题考查信息处理实务基础知识。

数据采集要客观公正，不能根据个人爱好随意筛选。

参考答案

(67) D

试题（68）

对数据分析处理人员的素质要求中不包括 __(68)__ 。

(68) A. 业务理解能力和数据敏感度　　　B. 逻辑思维能力
　　　C. 细心、耐心和交流能力　　　　D. 速算能力

试题（68）分析

本题考查信息处理实务基础知识。

数据分析处理不要求人有速算能力，计算应由计算机进行，提高准确率和计算速度。

参考答案

(68) D

试题（69）

某种技术在社会上的热度依次经历了萌芽期、狂热期、幻想破灭期、复苏期、成熟期五个阶段。在"时间 T，社会热度 S"坐标系中，这种技术的变化趋势可图示为___(69)___。

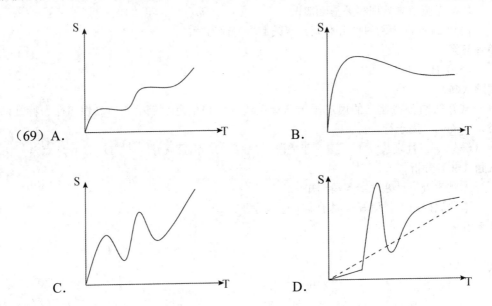

(69) A.　　　　　　　　　　B.

　　　C.　　　　　　　　　　D.

试题（69）分析

本题考查信息处理实务基础知识。

在"时间 T，社会热度 S"坐标系中，新技术萌芽期呈现为社会热度在较低水平上逐渐提高，狂热期呈现为社会热度迅速大幅度提高，幻想破灭期呈现为社会热度急剧下降，复苏期呈现为社会热度又从较低水平逐步提高，成熟期呈现为社会热度稳定在较高水平。按照这样的描述，选项 D 比较符合这个规律。

参考答案

(69) D

试题（70）

在实施项目过程中，信息处理员小王在"时间 T-项目剩余工作量 R"平面坐标系上动态地记录了项目实施进度，并与计划进度做了对比。在项目实施中途，从图上可以看出该项目___(70)___。

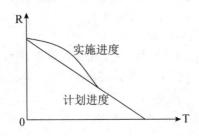

(70) A．前期进度很快，后期重点应放在提高质量上，放慢些速度
　　　B．前期进度较快，后期只要按原计划进度就能提前完成项目
　　　C．前期进度太慢了，为了按时完成任务，后期需要加倍提速
　　　D．前期进度有点慢，为了按时完成任务，后期需要适当提速

试题（70）分析

本题考查信息处理实务基础知识。

从图上可以看出，项目实施的早期比较慢，滞后于计划，后来加速，在项目中期已接近计划进度。为了按时完成任务，后期应适当提速。

参考答案

（70）D

试题（71）

The ___(71)___ is the brain of the personal computer.

（71）A．microprocessor　　　　　　B．storage
　　　C．keyboard　　　　　　　　　D．printer

参考译文

微处理器是个人计算机的头脑。

参考答案

（71）A

试题（72）

The ___(72)___ controls the cursor on the screen and allows the user to access commands by pointing and clicking.

（72）A．program　　B．keyboard　　C．mouse　　D．display

参考译文

鼠标控制屏幕上的光标，让用户通过指向和点击执行命令。

参考答案

（72）C

试题（73）

When you create an account, you are typically asked to enter a user ID and ___(73)___.

（73）A．name　　B．requirement　　C．password　　D．program

参考译文

创建账号时，一般需要输入用户名和口令。

参考答案

（73）C

试题（74）

When saving a new document, you must decide on a name for the document and the ___(74)___ where it will be saved to.

（74）A．address　　B．location　　C．program　　D．application

参考译文

需要保存新文档时，必须为文档起一个名字，并决定保存的位置。

参考答案

（74）B

试题（75）

 (75) is a fast, cheap and convenient way to send and receive messages internationally.

（75）A．Telephone　　B．Mail　　C．E-mail　　D．Postcard

参考译文

电子邮件是发送和接收信息的一种快速、便宜、方便的方法。

参考答案

（75）C

第10章 2019上半年信息处理技术员上机考试试题分析与解答

试题一（共 15 分）

利用系统提供的素材，按题目要求完成后，用 Word 的保存功能直接存盘。

物流管理概述

物流管理（Logistics Management）是指在社会生产过程中，根据物质资料实体流动的规律，应用管理的基本原理和科学方法，对物流活动进行计划、组织、指挥、协调、控制和监督，使各项物流活动实现最佳的协调与配合，以降低物流成本，提高物流效率和经济效益。现代物流管理是建立在系统论、信息论和控制论的基础上的。

要求：

1. 将文章标题"物流管理概述"设置为华文行楷、小初号，水平居中，段前和段后间距均为 1 行。
2. 设置正文字体为黑体、小四号字，左对齐，首行缩进 2 字符，行距为固定值 24 磅。
3. 设置页边距为上、下 2 厘米；左、右 2.5 厘米；装订线为左 0.5 厘米；纸张大小为 A4。
4. 在文档页脚中插入页码，样式为"页面底端""普通数字 1"。
5. 在正文第一自然段后另起行录入第二段文字：特殊物流是指在遵循一般物流规律基础上，带有制约因素的特殊应用领域、特殊管理方式、特殊劳动对象、特殊机械装备特点的物流。

试题一分析

【考查目的】
- 文字录入及编排。
- 开始菜单的使用。
- 页面布局菜单的使用。
- 插入菜单的使用。

【要点分析】

本题要点：文档字体设置、页面设置、文字录入、页码设置。

【操作的关键步骤】

（1）文档格式。选定文档对象，通过"开始"菜单下的"字体"命令进行文档格式设置。

（2）页面设置。通过"页面布局"菜单下的"页面设置"命令进行设置。

（3）页码设置。通过"插入"菜单下的"页码"命令进行设置。

参考答案

物流管理概述

物流管理（Logistics Management）是指在社会生产过程中，根据物质资料实体流动的规律，应用管理的基本原理和科学方法，对物流活动进行计划、组织、指挥、协调、控制和监督，使各项物流活动实现最佳的协调与配合，以降低物流成本，提高物流效率和经济效益。现代物流管理是建立在系统论、信息论和控制论的基础上的。

特殊物理是指在遵循一般物流规律基础上，带有制约因素的特殊应用领域、特殊管理方式、特殊劳动对象、特殊机械装备特点的物流。

注：上图未显示 Word 页面中的空白区域。

试题二（共 15 分）

用 Word 软件制作如图所示的学生外语课程学习评价表。按题目要求完成后，用 Word 的保存功能直接存盘。

学生外语课程学习评价表

学生姓名		课程		学习地点		学习时间	
学习内容							
学习评价	口语应用			课文表演		单词认读	
	优秀□ 良好□ 合格□			优秀□ 良好□ 合格□		优秀□ 良好□ 合格□	
	课堂表现			语音语调		学习习惯	
	优秀□ 良好□ 合格□			优秀□ 良好□ 合格□		优秀□ 良好□ 合格□	
	出　勤			作业完成		学习态度	
	优秀□ 良好□ 合格□			优秀□ 良好□ 合格□		优秀□ 良好□ 合格□	
教师评语							
	教师联系电话：			教师签名：			

要求：
1. 利用相关工具绘制如图所示的学生外语课程学习评价表。
2. 将标题设置为楷体、二号、黑色、加粗、居中；其他文字设置为宋体、四号、黑色。

试题二分析
【考查目的】
- 文字设置和编排。
- 绘制表格。

【要点分析】
本题要点：绘制表格、字体设置、录入文字并进行编排。

【操作的关键步骤】
（1）文字编排。使用"开始"菜单下的"字体"命令进行字号、字体的设置。
（2）表格菜单的使用。使用"插入"菜单下的"表格"命令绘制表格。

参考答案

学生外语课程学习评价表

学生姓名		课程		学习地点		学习时间	
学习内容							
学习评价	口语应用			课文表演			单词认读		
	优秀□ 良好□ 合格□	优秀□ 良好□ 合格□	优秀□ 良好□ 合格□
	课堂表现	语音语调	学习习惯
	优秀□ 良好□ 合格□	优秀□ 良好□ 合格□	优秀□ 良好□ 合格□
	出 勤	作业完成	学习态度
	优秀□ 良好□ 合格□	优秀□ 良好□ 合格□	优秀□ 良好□ 合格□
教师评语	
	教师联系电话： 　　　　教师签名：

试题三（共 15 分）

在 Excel 的 Sheet1 工作表 A1:G13 单元格中创建学生"学生成绩表"（内容如下图所示）。按题目要求完成之后，用 Excel 的保存功能直接存盘。

	A	B	C	D	E	F	G
1	学生成绩表						
2	姓名	性别	数学	英语	计算机	平均分	等级评定
3	方芳	女	89	93	78		
4	程小文	男	83	85	90		
5	宋立	男	78	67	82		
6	杨丽芬	女	91	88	95		
7	李跃进	男	78	72	65		
8	王自强	男	84	89	96		
9	刘刚	男	94	75	93		
10	林敏敏	女	68	83	80		
11	赵凯	男	85	62	78		
12	王红	女	75	95	86		
13	最高分					女生人数	

要求：

1. 表格要有可视的边框，并将表中的文字设置为宋体、12磅、黑色、居中。
2. 用 AVERAGE 函数计算每名学生的平均分，计算结果保留 1 位小数。
3. 用 MAX 函数计算每门课程的最高分。
4. 用 COUNTIF 函数统计女生人数。
5. 用 IF 函数计算等级评定，计算方法为平均分大于等于 85 为 A，否则为大于等于 60 且小于 85 为 B，否则为 C。

试题三分析

【考查目的】

- 用 Excel 创建工作表。
- 单元格格式设置。
- 函数计算。

【要点分析】

本题要点：文字的编排（包括字体、字号等）、单元格格式设置、函数计算。

【操作的关键步骤】

（1）文字的编排。使用"开始"菜单下的"字体"命令进行设置。

（2）函数计算。方芳的平均分计算函数为："=AVERAGE（C3:E3）"；等级评定计算函数为："IF(F3>=85,"A",IF(F3>=60,"B","C"))"；数学最高分计算函数为："=MAX（C3:C12）"；女生人数统计计算函数为："=COUNTIF（B3:B12,"女"）"。

（3）数值小数位设置。使用"开始"菜单下的"设置单元格格式"命令进行设置。

参考答案

	A	B	C	D	E	F	G
1	学生成绩表						
2	姓名	性别	数学	英语	计算机	平均分	等级评定
3	方芳	女	89	93	78	86.7	A
4	程小文	男	83	85	90	86.0	A
5	宋立	男	78	67	82	75.7	B
6	杨丽芬	女	91	88	95	91.3	A
7	李跃进	男	78	72	65	71.7	B
8	王自强	男	84	89	96	89.7	A
9	刘刚	男	94	75	93	87.3	A
10	林敏敏	女	68	83	80	77.0	B
11	赵凯	男	85	62	78	75.0	B
12	王红	女	75	95	86	85.3	A
13	最高分		94	95	96	女生人数	4

试题四（共 15 分）

利用系统提供的资料，用 PowerPoint 创意制作演示文稿。按照题目要求完成后，用 PowerPoint 的保存功能直接存盘。

资料：

四个全面

"四个全面"即全面建成小康社会、全面深化改革、全面依法治国、全面从严治党。言简意赅、精辟深刻，既有战略目标又有战略举措，既统揽全局又突出重点，每一个"全面"都有其重大战略意义，相互之间密切联系、有机统一。

要求：

1. 标题设置为 40 磅、楷体、居中。
2. 正文内容设置为 24 磅、宋体。
3. 演示文稿设置旋转动画效果。
4. 为演示文稿插入页脚，内容为"四个全面"。

试题四分析

【考查目的】

用 PowerPoint 模板制作演示文稿并对文稿进行"动画效果"设置等。

【要点分析】

本题要点：PowerPoint 的基本操作。

【操作的关键步骤】

（1）熟悉 PowerPoint 的基本操作。

（2）应用"开始"菜单下的"字体"命令设置字体、字号等。

（3）应用"动画"菜单下的"动画"命令进行动画设置。

（4）应用"插入"菜单下的"页脚和页眉"命令插入页脚备注。

参考答案

四个全面

"四个全面"即全面建成小康社会、全面深化改革、全面依法治国、全面从严治党。言简意赅、精辟深刻，既有战略目标又有战略举措，既统揽全局又突出重点，每一个"全面"都有其重大战略意义，相互之间密切联系、有机统一。

四个全面

试题五（共 15 分）

利用系统提供的素材，按题目要求完成后，用 Word 的保存功能直接存盘。

沧浪亭

　　沧浪亭是一处始建于北宋时代的汉族古典园林建筑，为文人苏舜钦的私人花园。位于苏州市城南三元坊附近，在苏州现存诸园中历史最为悠久。

　　要求：

　　1．将文章标题设置为宋体、二号、加粗、居中；将正文中"苏舜钦"的文字效果设置为"阴影"，将正文设置为宋体、小四。

　　2．页面设置为横向，纸张宽度 21 厘米，高度 15 厘米，页面内容居中对齐。

　　3．为文档添加文字水印，内容为"沧浪亭"，并将文字内容设置白色，背景 1，深色 50%、仿宋、半透明、斜式。

　　4．为正文内容添加红色边框。

　　5．在正文第一自然段后另起行录入第二段文字：沧浪亭占地面积 1.08 公顷。园内有一泓清水贯穿，波光倒影，景象万千。

试题五分析

【考查目的】

- 文字录入及编排。
- 开始菜单的使用。
- 页面布局菜单的使用。
- 插入菜单的使用。

【要点分析】

　　本题要点：文档字体设置、页面设置、文字录入、页码设置。

【操作的关键步骤】

　　（1）文档格式。选定文档对象，通过"开始"菜单下的"字体"命令进行文档格式设置。

　　（2）页面设置。通过"页面布局"菜单下的"页面设置"命令进行设置。

（3）水印设置。通过"页面布局"菜单下的"水印"命令进行设置。
（4）红色边框。通过"插入"菜单下的"绘制表格"命令进行设置。

参考答案

沧浪亭

沧浪亭是一处始建于北宋时代的汉族古典园林建筑，为文人苏舜钦的私人花园。位于苏州市城南三元坊附近，在苏州现存诸园中历史最为悠久。
沧浪亭占地面积 1.08 公顷。园内有一泓清水贯穿，波光倒影，景象万千。

第11章 2019下半年信息处理技术员上午试题分析与解答

试题（1）
5G技术将开启万物互联的新时代，其中5G技术指的是__(1)__。
(1) A．第五代移动通信技术 　　B．手机内存达到5G的技术
　　C．网速达到5G的技术　　　D．手机CPU主频达到5G的技术

试题（1）分析
本题考查信息和信息技术基本概念。
5G技术指的是第五代移动通信技术（5th generation mobile networks/5th generation wireless systems/5th-Generation），简称5G或5G技术。

参考答案
(1) A

试题（2）
现在，企业数字化转型已是大势所趋。以下关于企业数字化转型的叙述中，不正确的是__(2)__。
(2) A．企业数字化转型需要快速、敏捷、持续地为生产系统提供大量数据
　　B．企业需要精准分析生产数据，实时优化运营数据，挖掘利用价值链数据
　　C．数字化创新和智能化运营构成企业核心数字化能力，为数字化转型赋能
　　D．企业数字化转型将实现无工人、无技术人员、无管理人员的自动化工厂

试题（2）分析
本题考查信息和信息技术基本概念。
自动化工厂会大大减少人员，增加高科技人员，不可能彻底无人。

参考答案
(2) D

试题（3）
物联网中，传感器网络的功能不包括__(3)__。
(3) A．感知识别现实世界　　　　B．信息采集处理
　　C．科学计算　　　　　　　　D．自动控制

试题（3）分析
本题考查信息和信息技术基本概念。
科学计算需要较大的信息存储能力和较快的信息处理能力。

参考答案
(3) C

第 11 章 2019 下半年信息处理技术员上午试题分析与解答

试题（4）

180 的正约数（能整除 180 的自然数，包括 1 和 180 本身）的个数是 __(4)__ 。

(4) A. 15　　　　B. 16　　　　C. 17　　　　D. 18

试题（4）分析

本题考查数学的应用。

$180=2^2\times 3^2\times 5$。180 的约数中，含 2 的因子有 3 种情况：2^0，2^1，2^2；含 3 的因子有 3 种情况：3^0，3^1，3^2；含 5 的因子有 2 种情况：5^0，5^1。因此 180 的约数个数为 $3\times 3\times 2=18$。

参考答案

(4) D

试题（5）

某服装店进了一批衣服，原计划按平价销售取得一定的利润（利润=（销售价–进价）×销售量）。该店到目前为止，已按时尚价（比平价增加 60%）销售了 1/3。为了完成预定的总利润计划，剩余的 2/3 衣服可按平价的 __(5)__ 折销售。

(5) A. 四　　　　B. 五　　　　C. 六　　　　D. 七

试题（5）分析

本题考查数学的应用。

设该店进了 $3M$ 件服装，进价为 J 元，平价销售每件 P 元，原计划的总利润为 $3M(P-J)$。时尚价为 $1.6P$，前 1/3 衣服的利润为 $M(1.6P-J)$。设后 2/3 衣服按 X 元/件销售，则后 2/3 的利润为 $2M(X-J)$。从 $M(1.6P-J)+2M(X-J)=3M(P-J)$，得 $1.6P+2X=3P$，$X=0.7P$。

参考答案

(5) D

试题（6）

某玩具车间昨天生产了甲、乙两种零件，数量之比为 5:3。每个玩具需要用 3 个甲零件和 2 个乙零件装配而成。所有玩具装配完成后，乙零件没有剩余了，但甲零件还有 4 个。由此可以推断，该车间昨天共装配了玩具 __(6)__ 个。

(6) A. 12　　　　B. 15　　　　C. 20　　　　D. 24

试题（6）分析

本题考查数学的应用。

假设昨天共装配了玩具 x 个，其中采用了甲零件 $3x$ 个，乙零件 $2x$ 个，该车间昨天共生产了甲零件 $3x+4$ 个，生产了乙零件 $2x$ 个。$(3x+4)/(2x)=5/3$，因此解得 $x=12$。

参考答案

(6) A

试题（7）

基于移动端的信息采集方式，为大数据整理和分析奠定了坚实的基础，其优势不包括 __(7)__ 。

(7) A. 无须打印纸质表格，输入数据后立即进行校验，随时随地上传信息

　　B. 灵活多样的采集方式，表格页面简洁，操作简单，可清除冗余数据

C．可实现批量采集和统一处理，可建立表单之间的关联关系

D．可在信息采集的同时进行数据分析、图表展示和辅助决策

试题（7）分析

本题考查信息处理基础知识。

用手机等移动设备采集数据时可以同时进行简单的处理，例如显示表格、校验数据、清除冗余数据、建立表单之间的关联等。由于数据尚在收集过程中，不可能进行图表展示和辅助决策，也不能进行全局的数据分析。

参考答案

（7）D

试题（8）

问卷调查中的题型可以有多种，__(8)__ 需要被调查者从多个选项中按照自己认为的重要程度依次列出若干选项。

(8) A．单选题   B．多选题   C．排序题   D．开放性文字题

试题（8）分析

本题考查信息处理基础知识。

排序题要求被调查者依照自己认为的重要或优先程度依次选择若干选项。例如，居民对社区改进工作的建议。

参考答案

（8）C

试题（9）

数据类型有多种，可以归纳为两大类：字符型数据（不具计算能力）和数值型数据（可直接参与算术运算）。以下数据类型中，__(9)__ 属于数值型数据。

(9) A．职工编号   B．性别编码   C．成绩等级   D．基本工资

试题（9）分析

本题考查信息处理基础知识。

四个选项中只有基本工资可以直接参与算术运算，例如涨工资10%。

参考答案

（9）D

试题（10）

一批数据的__(10)__代表这批数据的一般水平，掩盖了其中各部分数据的差异。

(10) A．平均数   B．方差   C．散点图   D．趋势曲线

试题（10）分析

本题考查信息处理基础知识。

一批数的平均值代表这批数据的一般水平，但掩盖了其中各部分数据的差异。

参考答案

（10）A

试题（11）

常用的统计软件其功能不包括 __(11)__ 。

(11) A．数据编辑、统计和分析　　　B．表格的生成和编辑
　　　C．图表的生成和编辑　　　　　D．生成数据分析报告

试题（11）分析

本题考查信息处理基础知识。

常用的统计软件可以处理数据、制作图和表，但不能生成数据分析报告。

参考答案

(11) D

试题（12）

以下关于数据分析的叙述中，__(12)__ 不正确。

(12) A．数据分析就是对收集的数据进行拆分，弄清其结构、作用和原理
　　　B．数据分析就是采用适当的统计方法对数据进行汇总、理解并消化
　　　C．数据分析旨在从杂乱无章的原始数据中提取有用信息并形成结论
　　　D．数据分析旨在研究数据中隐藏的内在规律帮助管理者判断和决策

试题（12）分析

本题考查信息处理基础知识。

对设备的分析常常需要对其进行拆分，弄清其结构、作用和原理。

参考答案

(12) A

试题（13）

对于时间序列的数据，用 __(13)__ 展现最直观，同时呈现出变化趋势。

(13) A．折线图和柱形图　　　B．柱形图和圆饼图
　　　C．圆饼图和面积图　　　D．面积图和雷达图

试题（13）分析

本题考查信息处理基础知识。

随时间变化的数据，例如月销售额，常用折线图和柱形图来描述，非常直观，同时呈现出变化趋势。

参考答案

(13) A

试题（14）

以下关于数据分析报告的叙述中，__(14)__ 不正确。

(14) A．数据分析报告是数据分析项目的立项报告，包括经费和团队等
　　　B．数据分析报告用数据反映某些事物的现状、问题、原因和规律
　　　C．数据分析报告是决策者认识事物、掌握信息的主要工具之一
　　　D．数据分析报告为决策者提供科学、严谨的依据，降低决策风险

试题（14）分析

本题考查信息处理基础知识。

数据分析报告不但供领导看，还要给有关业务人员以及外部人员看。立项报告、经费和团队情况属于工作报告的内容，仅供有关管理人员阅读。

参考答案

（14）A

试题（15）

　　__(15)__ 属于显示器的性能指标。

（15）A．主频　　　　　B．USB 接口数量　　　C．字长　　　　　D．分辨率

试题（15）分析

本题考查计算机基础知识。

主频与字长是 CPU 的性能指标，USB 接口数量是主板以及有些外部设备的指标。分辨率等属于显示器、打印机等的性能指标。许多显示器没有 USB 接口。

参考答案

（15）D

试题（16）

购买扫描仪时需要考虑的因素中不包括 __(16)__ 。

（16）A．分辨率与色彩位数　　　　　　B．扫描幅面
　　　　C．能扫描的图像类型　　　　　　D．与主机的接口类型

试题（16）分析

本题考查计算机基础知识。

扫描仪是将纸质上的图像扫描输入计算机。图像类型是指在计算机设备中存储图像的信息格式。

参考答案

（16）C

试题（17）

　　__(17)__ 不属于智能可穿戴设备。

（17）A．智能手表　　　B．智能手机　　　C．智能头盔　　　D．智能手环

试题（17）分析

本题考查计算机基础知识。

智能手机是便携设备，不属于可穿戴设备。

参考答案

（17）B

试题（18）

　　__(18)__ 与应用领域密切相关，不属于基础软件。

（18）A．操作系统　　　　　　　　　　　B．办公软件
　　　　C．通用的数据库管理系统　　　　　D．计算机辅助设计软件

试题（18）分析

本题考查计算机基础知识。

计算机辅助设计软件仅应用于辅助设计应用领域，不属于基础软件。

参考答案

（18）D

试题（19）

文件系统负责对文件进行存储和检索、管理和保护等，文件的隐藏属性属于文件系统的__(19)__功能。

（19）A．存储　　　　B．检索　　　　C．排序　　　　D．保护

试题（19）分析

本题考查计算机基础知识。

重要文件（例如系统文件）需要设置隐藏属性，在文件管理界面上不能直接见到，保护其不被误删和随意移动。

参考答案

（19）D

试题（20）

由若干条直线段和圆弧等构成的图形，可以用一系列指令来描述。用这种方法描述的图形称为__(20)__。

（20）A．位图　　　　B．矢量图　　　　C．结构图　　　　D．3D图

试题（20）分析

本题考查计算机基础知识。

用点阵来描述的图像（包括每个点的灰度和颜色）是矢量图，放大缩小时不会变形。

参考答案

（20）B

试题（21）

下图所示的网络拓扑结构属于__(21)__。

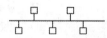

（21）A．总线型拓扑结构　　　　　　B．星型拓扑结构
　　　　C．树状拓扑结构　　　　　　D．分布式拓扑结构

试题（21）分析

本题考查计算机基础知识。

这种网络拓扑结构属于总线型，多个网络节点都连接到一条主干线上。

参考答案

（21）A

试题（22）

台式计算机通过__(22)__与网络传输介质相连。

（22）A．网卡　　　　　B．集线器　　　　C．路由器　　　　D．网关

试题（22）分析

本题考查计算机基础知识。

台式计算机需要装有网卡才能与网络传输介质相连。

参考答案

（22）A

试题（23）

软件发行包中都至少包括一个用户可启动/打开的__（23）__。

（23）A．数据文件　　B．命令文件　　C．可执行文件　　D．密码文件

试题（23）分析

本题考查计算机基础知识。

软件发行包中都至少包括一个可执行文件，用于启动安装过程。

参考答案

（23）C

试题（24）

计算机系统运行时，用户不能通过操作来改变__（24）__。

（24）A．屏幕分辨率　　　　　　B．物理内存大小
　　　C．汉字输入法　　　　　　D．鼠标灵敏度

试题（24）分析

本题考查计算机基础知识。

虚存的大小是可以用操作来改变的。改变物理内存需要安装、减少或更换内存条。

参考答案

（24）B

试题（25）

在 Windows 7 中，如果选中了某个文档中的一段文字，按 Ctrl+X 快捷键后，这段文字被__（25）__。

（25）A．移到剪贴板　　　　　　B．复制到剪贴板
　　　C．移到回收站　　　　　　D．彻底删除

试题（25）分析

本题考查计算机基础知识。

按 Ctrl+X 快捷键后，文档中被选中的文字不见了，被移到内存中的剪贴板上，可以再用 Ctrl+V 快捷键将其粘贴到所需的地方。

参考答案

（25）A

试题（26）

一般情况下，鼠标右键的主要功能是__（26）__。

（26）A．删除当前选择的目标　　　B．显示当前选择目标的功能菜单

C. 复制当前选择的目标　　　　　D. 更名当前选择的目标

试题（26）分析

本题考查计算机基础知识。

在目标对象上单击鼠标右键，将弹出当前情况下可操作的菜单，因此它是与上下文相关的，不同时刻点击同一对象弹出的菜单可能不同。

参考答案

（26）B

试题（27）

采购了多种品牌的部件进行计算机组装，每个部件都正常，连接、安装、配置操作也完全正确，但系统仍不能正常使用。很可能是__(27)__问题。

（27）A. 不稳定　　　B. 不可靠　　　C. 不兼容　　　D. 不安全

试题（27）分析

本题考查计算机基础知识。

自己组装计算机采购设备部件时需要特别注意兼容性问题。即使部件质量很好、很先进，但如果与主板或其他设备不兼容，组装后也不能正常运行。

参考答案

（27）C

试题（28）

用户及时下载安装软件补丁的目的不包括__(28)__。

（28）A. 增加安全性　　　　　　B. 修复某些漏洞
　　　C. 添加新特性　　　　　　D. 拓展应用领域

试题（28）分析

本题考查计算机基础知识。

商用软件推出后经常会发布补丁，用户应及时安装补丁，以纠正某些问题，添加新的特性，增加安全性，修复某些漏洞，但一般不会拓展应用领域。

参考答案

（28）D

试题（29）

计算机出现故障时，判断与处理的原则不包括__(29)__。

（29）A. 先静后动——先思考问题可能在哪，再动手操作
　　　B. 先外后内——先检查外设、线路，后开机箱检查
　　　C. 先拆后查——先拆卸各零部件，再逐一进行排查
　　　D. 先软后硬——先从软件判断入手，再从硬件着手

试题（29）分析

本题考查计算机基础知识。

对用户来说，大多数部件拆开后不能看出问题，没有专用设备去检查。多个部件的配合问题也不能在拆后检查。

参考答案

（29）C

试题（30）

显示器分辨率调小后，屏幕上文字的大小___（30）___。

（30）A．变大　　　　　B．变小　　　　　C．不变　　　　　D．不变但更清晰

试题（30）分析

本题考查计算机基础知识。

显示器的分辨率是指横向和纵向可显示的像素数目，分辨率小意味着同一屏幕上显示的像素少，显示的文字就显得大，但更模糊。

参考答案

（30）A

试题（31）

由多台计算机组成的一个系统，这些计算机之间可以通过通信来交换信息，互相之间无主次之分，它们共享系统资源，程序由系统中的全部或部分计算机协同执行，执行过程对用户透明。管理上述计算机系统的操作系统是___（31）___。

（31）A．实时操作系统　　　　　B．网络操作系统
　　　C．分布式操作系统　　　D．嵌入式操作系统

试题（31）分析

本题考查计算机基础知识。

管理多台计算机连接起来的系统需要采用分布式操作系统。

参考答案

（31）C

试题（32）

许多操作系统运行时会产生备份文件。下列文件中，___（32）___是备份文件。

（32）A．backup.dll　　　　　B．backup.bak
　　　C．backup.sys　　　　　D．backup.exe

试题（32）分析

本题考查计算机基础知识。

文件的扩展名为 bak，表明该文件的类型属于备份（Backup）文件。

参考答案

（32）B

试题（33）

在 Windows 7 中，当一个应用程序窗口被最小化后，该应用程序___（33）___。

（33）A．终止执行　　　　　B．在前台继续执行
　　　C．暂停执行　　　　　D．转入后台继续执行

试题（33）分析

本题考查计算机基础知识。

应用程序的窗口最小化后，该应用程序就转到优先级较低的后台运行，只有当没有前台程序可运行时，才运行。

参考答案

（33）D

试题（34）

___（34）___ 不是屏幕保护程序的作用。

（34）A．保护显示器　　　　　　B．节省能源
　　　C．保护个人隐私　　　　　　D．保护计算机硬盘

试题（34）分析

本题考查计算机基础知识。

当计算机在一定时间内没有操作时就自动运行屏幕保护程序，通常是动态显示某些变化的图像，使所有的屏幕显示点轮流休息，保护显示器，减少能耗，以后再有操作时需要输入正确的密码，防止他人使用自己的计算机。屏幕保护程序不能保护硬盘。

参考答案

（34）D

试题（35）

在 Word 文档操作时，有些命令选项是灰色，原因是___（35）___。

（35）A．文档不可编辑　　　　　　B．文档带病毒
　　　C．文档需要进行转换　　　　D．这些选项在当前不可使用

试题（35）分析

本题考查文字处理软件的基础知识。

菜单中灰色的项表示当前状态下不可用。

参考答案

（35）D

试题（36）

Word 2010 中有多种视图显示方式，其中___（36）___视图方式可使显示效果与打印预览基本相同。

（36）A．普通　　　B．大纲　　　C．页面　　　D．主控文档

试题（36）分析

本题考查文字处理软件的基础知识。

页面视图将分页显示，显示效果与打印预览基本相同。

参考答案

（36）C

试题（37）

下列对 Word 编辑功能的叙述中，不正确的是___（37）___。

（37）A．可以同时开启多个文档编辑窗口
　　　B．可以在插入点位置插入多种格式的系统日期

C．可以插入多种类型的图形文件
D．可以使用另存为命令将已选中的对象拷贝到插入点位置

试题（37）分析

本题考查文字处理软件的基础知识。

另存为命令用于换文件名保存文档。

参考答案

（37）D

试题（38）

在 Word 的编辑状态下，单击粘贴按钮，可将剪贴板上的内容粘贴到插入点，此时剪贴板中的内容　（38）　。

（38）A．完全消失　　　　　　　　B．回退到前一次剪切的内容
　　　C．不发生变化　　　　　　　D．为插入点之前的所有内容

试题（38）分析

本题考查文字处理软件的基础知识。

剪贴板上的内容被粘贴后保持不变，以利于多次粘贴同一内容。

参考答案

（38）C

试题（39）

在 Word 2010 的编辑状态下，对于选定的文字　（39）　。

（39）A．可以设置颜色，不可以设置动态效果
　　　B．可以设置动态效果，不可以设置颜色
　　　C．既可以设置颜色，也可以设置动态效果
　　　D．不可以设置颜色，也不可以设置动态效果

试题（39）分析

本题考查文字处理软件的基础知识。

有些版本的 Word 文字处理软件中，字体或段落菜单下有文字效果选项，可以选择让文字具有某种动态效果（如爆炸粉碎效果等）。

参考答案

（39）C

试题（40）

在 Word 文档中某一段落的最后一行只有一个字符，若想把该字符合并到上一行，　（40）　不能做到。

（40）A．减少页的左右边距　　　　B．减小该段落的字体的字号
　　　C．减小该段落的字间距　　　D．减小该段落的行间距

试题（40）分析

本题考查文字处理软件的基础知识。

减少行间距不会导致行数减少。

参考答案

(40) D

试题（41）

下述关于 Word 分栏操作的叙述中，正确的是 __(41)__ 。

(41) A．可以将指定的段落分成指定宽度的两栏
　　　B．任何视图下均可看到分栏效果
　　　C．设置的各栏宽度和间距与页面宽度无关
　　　D．栏与栏之间不可以设置分隔线

试题（41）分析

本题考查文字处理软件的基础知识。

分栏操作可以将指定段落的文字分成指定宽度的多栏。

参考答案

(41) A

试题（42）

在 Word 中，文本框 __(42)__ 。

(42) A．不可与文字叠放
　　　B．文字环绕方式多于两种
　　　C．随着框内文本内容的增多而增大
　　　D．文字环绕方式只有两种

试题（42）分析

本题考查文字处理软件的基础知识。

文本框中的文字很多时会相应扩大文本框以容纳其中的文字。

参考答案

(42) C

试题（43）

在 Word 2010 中，如果用户选中了某段文字，误按了空格键，则选中的文字将被一个空格所代替，此时可用 __(43)__ 命令还原到误操作前的状态。

(43) A．替换　　　B．粘贴　　　C．撤销　　　D．恢复

试题（43）分析

本题考查文字处理软件的基础知识。

撤销操作会将当前状态退回到操作之前的状态。

参考答案

(43) C

试题（44）

在 Word 2010 的编辑状态下打开"1.doc"文档后，另存为"2.doc"文档，则 __(44)__ 。

(44) A．当前文档是 1.doc　　　　　　B．当前文档是 2.doc
　　　C．1.doc 与 2.doc 均是当前文档　D．1.doc 与 2.doc 均不是当前文档

试题（44）分析

本题考查文字处理软件的基础知识。

由另存为命令保存文件后，屏幕上仍显示该文档，它就成为当前文档。

参考答案

（44）B

试题（45）

下列关于 Excel 2010 的叙述中，正确的是__(45)__。

（45）A．Excel 将工作簿的每一张工作表分别作为一个文件来保存

B．Excel 允许同时打开多个工作簿文件

C．Excel 的图表必须与生成该图表的有关数据处于同一张工作表上

D．Excel 工作表的名称由文件决定

试题（45）分析

本题考查电子表格处理软件的基础知识。

Excel 允许同时打开多个工作簿文件，以便于互相对照。

参考答案

（45）B

试题（46）

在 Excel 2010 工作表中，__(46)__不是单元格地址。

（46）A．B$3　　　　B．$B3　　　　C．B3$3　　　　D．$B$3

试题（46）分析

本题考查电子表格处理软件的基础知识。

每个单元格地址的格式是列编号字母和行编号数字，字母前或数字前都可以添加符号"$"表示该部分是相对地址，可以随复制地址而变化。

参考答案

（46）C

试题（47）

在 Excel 2010 中，__(47)__属于算术运算符。

（47）A．*　　　　B．=　　　　C．&　　　　D．<>

试题（47）分析

本题考查电子表格处理软件的基础知识。

符号"*"是乘法运算符。

参考答案

（47）A

试题（48）

在 Excel 2010 的 A1 单元格中输入函数"=LEFT("CHINA",1)"，按回车键后，则 A1 单元格中的值为__(48)__。

（48）A．C　　　　B．H　　　　C．N　　　　D．A

试题（48）分析

本题考查电子表格处理软件的基础知识。

函数 LEFT("CHINA",1)表示取字符串 CHINA 中左边第一个字符。

参考答案

（48）A

试题（49）

在 Excel 2010 中，若在单元格 A1 中输入函数"=MID("RUANKAO",1,4)"，按回车键后，则 A1 单元格中的值为___（49）___。

（49）A．R　　　　　B．RUAN　　　　　C．RKAO　　　　　D．NKAO

试题（49）分析

本题考查电子表格处理软件的基础知识。

函数 MID("RUANKAO",1,4)表示取字符串 RUANKAO 中第 1 到第 4 个字符组成的子串。

参考答案

（49）B

试题（50）

在 Excel 2010 中，若在单元格 A1 中输入函数"=AVERAGE(4,8,12)/ROUND(4.2,0)"，按回车键后，则 A1 单元格中的值为___（50）___。

（50）A．1　　　　　B．2　　　　　C．3　　　　　D．6

试题（50）分析

本题考查电子表格处理软件的基础知识。

函数 AVERAGE(4,8,12)表示取 4，8，12 中的算术平均值 8；函数 ROUND(4.2,0)表示对 4.2 舍入到小数点后 0 位，得 4；最后 8/4 得 2。

参考答案

（50）B

试题（51）

在 Excel 2010 中，设单元格 A1 中的值为–100,B1 中的值为 100，A2 中的值为 0，B2 中的值为 1，若在 C1 单元格中输入函数"=IF(A1+B1<=0,A2,B2)"，按回车键后，则 C1 单元格中的值为___（51）___。

（51）A．–100　　　　　B．0　　　　　C．1　　　　　D．100

试题（51）分析

本题考查电子表格处理软件的基础知识。

函数 IF(A1+B1<=0,A2,B2)表示如果 A1 与 B1 单元格之和小于或等于 0 则取 A2，否则取 B2。由于 A1 的值为–100，B1 的值为 100。A1+B1=0，所以 C1 的值取 A2 的值 0。

参考答案

（51）B

试题（52）

在 Excel 2010 中，若 A1 单元格中的值为 50，B1 单元格中的值为 60，若在 A2 单元格中输入函数"=IF(AND(A1>=60,B1>=60),"合格","不合格"),则 A2 单元格中的值为 (52)。

(52) A. 50　　　　B. 60　　　　C. 合格　　　　D. 不合格

试题（52）分析

本题考查电子表格处理软件的基础知识。

函数 AND(A1>=60,B1>=60)表示对关系式 A1>=60 和 B1>=60 取逻辑"与"。由于 A1 为 50，B1 为 60，前一个关系式为假，不成立，所以逻辑"与"的结果也是"假"。函数 IF(AND(A1>=60,B1>=60),"合格","不合格")表示函数 AND(A1>=60,B1>=60)的值为"真"时取字符串"合格"，为"假"时取字符串"不合格"。

参考答案

(52) D

试题（53）

在 Excel 2010 中，若 A1、B1、C1、D1 单元格中的值分别为–22.38、21.38、31.56、–30.56，在 E1 单元格中输入函数"=ABS(SUM(A1:B1))/AVERAGE(C1:D1)"，则 E1 单元格中的值为 (53) 。

(53) A. –1　　　　B. 1　　　　C. –2　　　　D. 2

试题（53）分析

本题考查电子表格处理软件的基础知识。

函数 SUM(A1:B1)表示从单位格 A1 到 B1 中各值之和，题中为–22.38+21.38=–1。因此函数 ABS(SUM(A1:B1))表示取–1 的绝对值 1。函数 AVERAGE(C1:D1)表示从单元格 C1 到 D1 中各值的平均值，题中为(31.56–30.56)/2=1/2。

参考答案

(53) D

试题（54）

在 Excel 2010 中， (54) 可以对 A1 单元格数值的小数部分进行四舍五入运算。

(54) A．=INT(A1)　　　　　　　B．=INTEGER(A1)
　　　C．=ROUND(A1,0)　　　　D．=ROUNDUP(A1,0)

试题（54）分析

本题考查电子表格处理软件的基础知识。

函数 ROUND(A1,0)表示对单元格 A1 中的值舍入到小数点后 0 位，即舍入到整数。

参考答案

(54) C

试题（55）

在 WPS 2016 电子表格中，如果要将单元格中存储的 11 位手机号中第 4 到第 7 位用"****"代替，应使用 (55) 函数。

(55) A. MID　　　B. REPLACE　　　C. MATCH　　　D. FIND

试题（55）分析

本题考查电子表格处理软件的基础知识。

函数 REPLACE 具有字符串替换功能。

参考答案

（55）B

试题（56）

在 WPS 2016 电子表格中，如果单元格 A2 到 A50 中存储了学生的成绩（成绩取值为 0~100），若要统计小于 60 分学生的个数，正确的函数是___（56）___。

（56）A．=COUNT(A2:A50,<60) B．=COUNT(A2:A50,"<60")
　　　C．=COUNTIF(A2:A50,<60) D．=COUNTIF(A2:A50,"<60")

试题（56）分析

本题考查电子表格处理软件的基础知识。

函数 COUNTIF(A2:A50,"<60")表示对单元格区域从 A2 到 A50 中"<60"的值进行计数。

参考答案

（56）D

试题（57）

在 WPS 2016 幻灯片放映设置中，选择"幻灯片放映"→"设置放映方式"命令，在打开的"设置放映方式"对话框中不能设置的是___（57）___。

（57）A．放映类型 B．循环放映，按 Esc 键终止
　　　C．放映幻灯片范围 D．排练计时

试题（57）分析

本题考查演示文稿处理软件的基础知识。

排练计时不属于放映方式。

参考答案

（57）D

试题（58）

在 PowerPoint 2010 新建文稿时可以使用主题创建，还可以根据需要修改应用主题的___（58）___。

（58）A．颜色、效果和字体 B．颜色、效果和动画
　　　C．颜色、字体和动画 D．动画和放映效果

试题（58）分析

本题考查演示文稿处理软件的基础知识。

新建文稿创建主题时不需要修改应用主题的动画和放映效果等。

参考答案

（58）A

试题（59）

使用 Access 建立数据库，重要步骤之一就是建立表结构。对于下图中的 E-R 模型，需要建立___（59）___。

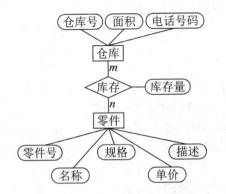

(59) A．仓库、零件两张表　　　　　　B．库存一张表
　　　C．仓库、零件、库存三张表　　　D．库存、零件两张表

试题（59）分析

本题考查数据库处理软件的基础知识。

基本表有仓库（属性包括仓库号、面积和电话号码）和零件（属性包括零件号、名称、规格、单价和描述），仓库和零件之间的关联由库存表实现（属性包括仓库号、零件号和库存量）。

参考答案

（59）C

试题（60）

解决网络安全问题的技术分为主动防御保护技术和被动防御保护技术两大类，__(60)__ 属于被动防御保护技术。

(60) A．数据加密　　　B．身份认证　　　C．入侵检测　　　D．访问控制

试题（60）分析

本题考查信息安全基础知识。

主动防御意味着平时一直需要加强的安全措施。入侵检测往往是在怀疑有入侵时，检测问题所在，属于被动防御技术。

参考答案

（60）C

试题（61）

在信息存储和传输过程中，为防止信息被偶然或蓄意修改、删除、伪造、添加、破坏或丢失，需要采取措施保护信息的 __(61)__ 。

(61) A．完整性　　　B．可用性　　　C．保密性　　　D．可鉴别性

试题（61）分析

本题考查信息安全基础知识。

信息被修改、删除、破坏或丢失等都将导致信息不完整。

参考答案

（61）A

试题（62）

信息安全管理活动不包括 __(62)__ 。

(62) A．制定并实施信息安全策略

B．定期对安全风险进行评估、检查和报告

C．对涉密信息进行集权管理

D．监控信息系统运行，及时报警安全事件

试题（62）分析

本题考查信息安全基础知识。

信息安全管理要求对涉密信息分权管理，不要集中于一人，不受监督。

参考答案

（62）C

试题（63）

《ISO/IEC 27001 信息安全管理体系》属于 __(63)__ 。

(63) A．国际标准　　B．国家强制标准　　C．国家推荐标准　　D．行业标准

试题（63）分析

本题考查信息技术标准和法规基础知识。

ISO（International Organization for Standardization）是国际标准化组织的简称。IEC（International Electrotechnical Commission）是国际电工委员会的简称，它是世界上成立最早的非政府性国际电工标准化机构。

参考答案

（63）A

试题（64）

对个人信息进行大数据采集时，要遵循的原则不包括 __(64)__ 。

(64) A．合法原则，不得窃取或者以其他非法方式获取个人信息

B．正当原则，不得以欺骗、误导、强迫、违约等方式收集个人信息

C．充分原则，为拓展应用范围，收集的个人信息的数据项应尽可能多

D．必要原则，满足信息主体授权目的所需的最少个人信息类型和数量

试题（64）分析

本题考查信息技术标准和法规基础知识。

收集个人信息必须以适用为准，尽可能少，以免泄露个人隐私。

参考答案

（64）C

试题（65）

某企业开发的互联网数据服务平台采用了四层架构，自顶向下分别是 __(65)__ ，顶层最接近用户，底层最接近基础设施。

(65) A. 数据加工层、数据采集层、数据应用层、数据整理层
      B. 数据采集层、数据整理层、数据加工层、数据应用层
      C. 数据应用层、数据加工层、数据整理层、数据采集层
      D. 数据整理层、数据应用层、数据采集层、数据加工层

试题（65）分析

本题考查数据处理实务的基础知识。

数据收集是服务的基础，应处于架构的最底层，最靠近基础设施。数据应用层应处于最高层，靠近用户。

参考答案

（65）C

试题（66）

某厂在一次产品质量检查中发现了70件次品，按次品原因统计如下表。根据此表，可以推断，___(66)___ 是主要的次品原因，占总次品件数约70%。

次品原因	料短	裂缝	硬度	开刃	光洁度	其他
件数	30	18	8	6	4	4

(66) A. 料短　　　　　　　　　　B. 料短和裂缝
     C. 料短、裂缝和硬度　　　　D. 料短、裂缝、硬度和开刃

试题（66）分析

本题考查数据处理实务的基础知识。

最多的三种次品中，料短次品占30/70（约43%），裂缝次品占18/70（约26%），硬度不够次品占8/70（约11%），因此前两种次品接近次品的70%，是主要矛盾。

参考答案

（66）B

试题（67）

据统计，我国现在70%的数据集中在政府部门，20%的数据在大企业，剩余10%的数据分散在各行各业。用___(67)___最能直观形象地展现该统计结论。

(67) A. 柱形图　　　B. 圆饼图　　　C. 折线图　　　D. 面积图

试题（67）分析

本题考查数据处理实务的基础知识。

圆饼图直观地展现了各部分在整体中的比例。

参考答案

（67）B

试题（68）

信息处理员小李调查了本公司各种产品的重要性和客户满意度两种参数，制作了下图，并标出了四个区域：Ⅰ、Ⅱ、Ⅲ和Ⅳ。从业务上看，这四个区域依次为___(68)___。

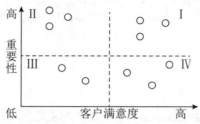

(68) A. 维持优势区、高度关注区、优先改进区、无关紧要区
　　　B. 无关紧要区、高度关注区、优先改进区、维持优势区
　　　C. 优先改进区、维持优势区、高度关注区、无关紧要区
　　　D. 高度关注区、优先改进区、无关紧要区、维持优势区

试题（68）分析

本题考查数据处理实务的基础知识。

重要性高而且客户满意度高的产品应高度关注，重点支持并宣传；重要性高但客户满意度低的产品应优先改进；重要性和客户满意度都低的产品可以逐步撤销，关系不大；重要性低而客户满意度高的产品只要维持优势就可以了。

参考答案

（68）D

试题（69）

通常，网购产品需要依次进行以下操作步骤：浏览商品、放入购物车、生成订单、支付订单、完成交易。某网站对一个月内执行每一步操作的客户人数及其比例做了统计（按浏览商品的人数比例为100%进行统计），制作了如下的漏斗图（只有20%的浏览商品者实际完成了交易）。

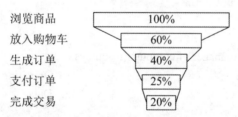

从上图可以发现，从浏览商品开始，每前进一步都有一定的客户流失率（相对于上一步人数减少的比例），经计算，各个步骤客户流失率依次为___(69)___。

(69) A. 66.7%、50%、60%、25%　　　　B. 60%、40%、25%、20%
　　　C. 40%、20%、15%、5%　　　　　D. 40%、33.3%、37.5%、20%

试题（69）分析

本题考查数据处理实务的基础知识。

设一个月内浏览商品的人数为 N，则放入购物车的人数为 $0.6N$，生成订单的人数为 $0.4N$，支付订单的人数为 $0.25N$，完成交易的人数为 $0.2N$。所以，浏览商品后的客户流失率为 $(N-0.6N)/N=40\%$；放入购物车后的客户流失率为 $(0.6N-0.4N)/0.6N≈33.3\%$；生成订单后的客户流失率为$(0.4N–0.25N)/0.4N=37.5\%$；支付订单后（还有撤销订单者）的客户流失率为$(0.25N–0.2N)/0.25N=20\%$。

参考答案

（69）D

试题（70）

某企业信息处理技术员小王总结的以下几条工作经验中，__（70）__并不正确。

（70）A．工作认真细致，态度严谨负责，客观评价问题

B．逻辑思维清晰，对业务和实际情况有足够了解

C．要有好奇心，善于发现数据背后隐藏的秘密

D．尽量采用高级的处理方法，展示自己的能力

试题（70）分析

本题考查数据处理实务的基础知识。

信息处理应采用适用的方法，而不是高级处理方法，应注重对业务的支持，让业务人员和管理人员满意。如果只注重展示自己的能力，有时会弄巧成拙。

参考答案

（70）D

试题（71）

The __（71）__ is a pointing device that controls the pointer on the screen.

（71）A．keyboard　　　B．mouse　　　C．scanner　　　D．printer

参考译文

鼠标是一种定位设备，用于控制屏幕上的指针。

参考答案

（71）B

试题（72）

__（72）__ acts as the manager of computer resources.

（72）A．Application　　　　　　B．Operating system

C．I/O　　　　　　　　　　D．Data

参考译文

操作系统起着计算机资源管理者的作用。

参考答案

（72）B

试题（73）

A basic feature of all __（73）__ is the capability to locate records in the file quickly.

（73）A．APP　　　B．OS　　　C．CAD　　　D．DBMS

参考译文

所有数据库管理系统的基本功能之一是在文件中快速找到记录。

参考答案

(73) D

试题（74）

Each Web site has its own unique address known as a ___(74)___.

(74) A．URL(Uniform Resource Locator)

　　　B．IP(Internet Protocol)

　　　C．HTML(Hyper Text Markup Language)

　　　D．WWW(World Wide Web)

参考译文

每个网站都有自己的唯一地址，即统一资源定位 URL。

参考答案

(74) A

试题（75）

Make ___(75)___ copies of important files to protect your information.

(75) A．save　　　　B．back-up　　　　C．support　　　　D．ready

参考译文

对重要文件要备份副本以保护你的信息。

参考答案

(75) B

第12章 2019下半年信息处理技术员上机考试试题分析与解答

试题一（共15分）

利用系统提供的素材，按题目要求完成后，用Word的保存功能直接存盘。

一滴水经过丽江

我是一片雪，轻盈地落在了玉龙雪山顶上。

有一天，我醒来，发现自己变成了坚硬的冰。和更多的冰挤在一起，缓缓向下流动。在许多年的沉睡里，我变成了玉龙雪山冰川的一部分。我望见了山下绿色的盆地——丽江坝。望见了森林、田野和村庄。张望的时候，我被阳光融化成了一滴水。我想起来，自己的前生，在从高空的雾气化为一片雪，又凝成一粒冰之前，也是一滴水。

要求：

1. 将标题字体设置为"黑体"，字号设置为"小初"、居中显示。正文设定为四号宋体。
2. 将正文中所有的"雪"字加粗显示。
3. 添加页眉，内容为"丽江之美"。
4. 在正文第二自然段后另起行录入第三段文字：是的，我又化成了一滴水，和瀑布里另外的水大声喧哗着扑向山下。在高山上，我们沉默了那么久，终于可以敞开喉咙大声喧哗。一路上，经过了许多高大挺拔的树，名叫松与杉。还有更多的树开满鲜花，叫作杜鹃，叫作山茶。
5. 将最后一段进行分栏，平均分为两栏。

试题一分析

【考查目的】
- 文字录入及编排。
- 开始菜单的使用。
- 页面布局菜单的使用。

【要点分析】

本题要点：文档字体设置、页面设置、文字录入、分栏。

【操作的关键步骤】

（1）文档格式。选定文档对象，通过"开始"菜单下的"字体"命令进行文档格式设置。

（2）页面设置。通过"页面布局"菜单下的"页面设置"命令进行设置。

（3）分栏设置。通过"页面布局"菜单下的"分栏"命令进行设置。

参考答案

丽江之美

一滴水经过丽江

我是一片雪，轻盈地落在了玉龙雪山顶上。

有一天，我醒来，发现自己变成了坚硬的冰。和更多的冰挤在一起，缓缓向下流动。在许多年的沉睡里，我变成了玉龙雪山冰川的一部分。我望见了山下绿色的盆地——丽江坝。望见了森林，田野和村庄。张望的时候，我被阳光融化成了一滴水。我想起来，自己的前生，在从高空的雾气化为一片雪，又凝成一粒冰之前，也是一滴水。

是的，我又化成了一滴水，和瀑布里另外的水大声喧哗着扑向山下。在高山上，我们沉默了那么久，终于可以敞开喉咙大声喧哗。一路上，经过了许多高大挺拔的树，名叫松与杉。还有更多的树开满鲜花，叫作杜鹃，叫作山茶。

试题二（共 15 分）

用 Word 软件制作如图所示的固定资产申请单。按题目要求完成后，用 Word 的保存功能直接存盘。

固定资产申请单

部门		申请人		日期		
使用地点						
申请物品	数量	单位	单价	金额	备注	
合计（大写）						
部门意见						
总经办意见						

要求：

1. 利用相关工具绘制如图示的固定资产申请表。
2. 将标题设置为宋体、二号、加粗、居中；其他文字设置为宋体、五号。

试题二分析

【考查目的】
- 文字设置和编排。
- 绘制表格。

【要点分析】
本题要点：绘制表格、字体设置、录入文字并进行编排。

【操作的关键步骤】
（1）文字编排。使用"开始"菜单下的"字体"命令进行字号、字体的设置。
（2）表格菜单的使用。使用"插入"菜单下的"表格"命令绘制表格。

参考答案

固定资产申请单

部 门		申请人		日 期	
使用地点					
申请物品	数量	单位	单价	金额	备注
合计（大写）					
部门意见					
总经办意见					

试题三（共 15 分）

在 Excel 的 Sheet1 工作表的 B1:K8 单元格内创建"2019 级部分学生成绩表"（内容如下图所示）。按题目要求完成后，用 Excel 的保存功能直接存盘。

	B	C	D	E	F	G	H	I	J	K
1	2019级部分学生成绩表									
2	姓名	性别	数学	语文	计算机	英语	总分	平均分	最高分	最低分
3	赵一	男	72	82	81	62				
4	钱二	男	78	74	78	80				
5	孙三	女	80	70	68	70				
6	李四	男	79	71	62	76				
7	周五	女	58	82	42	65				
8	郑六	女	78	71	70	52				

要求：
1. 表格要有可视的边框，并将表中的文字设置为宋体、12 磅、居中。
2. 用 SUM 函数计算总分。
3. 用 AVERAGE 函数计算平均分，计算结果保留 2 位小数。
4. 用 MAX 函数计算最高分。
5. 用 MIN 函数计算最低分。

试题三分析
【考查目的】
- 用 Excel 创建工作表。
- 单元格格式设置。
- 函数计算。

【要点分析】
本题要点：文字的编排（包括字体、字号等）、单元格格式设置、函数计算。

【操作的关键步骤】
（1）文字的编排。使用"开始"菜单下的"字体"命令进行设置。
（2）函数计算。赵一的总分计算函数为："=SUM(D3:G3)"；平均分计算函数为："=AVERAGE(D3:G3)"；最高分计算函数为："=MAX(D3:G3)"；最低分计算函数为："=MIN(D3:G3)"。
（3）数值小数位设置。使用"开始"菜单下的"设置单元格格式"命令进行设置。

参考答案

	B	C	D	E	F	G	H	I	J	K
1				2019级部分学生成绩表						
2	姓名	性别	数学	语文	计算机	英语	总分	平均分	最高分	最低分
3	赵一	男	72	82	81	62	297	74.25	82	62
4	钱二	男	78	74	78	80	310	77.50	80	74
5	孙三	女	80	70	68	70	288	72.00	80	68
6	李四	男	79	71	62	76	288	72.00	79	62
7	周五	女	58	82	42	65	247	61.75	82	42
8	郑六	女	78	71	70	52	271	67.75	78	52

试题四（共 15 分）
利用系统提供的资料，用 PowerPoint 创意制作演示文稿。按照题目要求完成后，用 PowerPoint 的保存功能直接存盘，文件名为"烈火英雄.pptx"。
资料：

英雄事迹

2019 年 3 月 30 日 18 时许，四川省凉山州木里县雅砻江镇发生森林火灾。31 日下午，四川森林消防总队凉山州支队指战员和地方扑火队员共 689 人抵达海拔 4000 余米的原始森林展开扑救。扑火行动中，因风力风向突变，突发林火爆燃，现场扑火人员紧急避险，其中 27 名森林消防指战员和 3 名地方扑火队员壮烈牺牲。

要求:
1. 标题设置为 40 磅、楷体、居中。
2. 正文内容设置为 24 磅、宋体。
3. 演示文稿切换幻灯片采用分割,换片方式为单击鼠标。
4. 为演示文稿插入页脚,内容为"英雄事迹"。

试题四分析
【考查目的】
用 PowerPoint 模板制作演示文稿并对文稿进行"动画效果"设置等。
【要点分析】
本题要点:PowerPoint 的基本操作。
【操作的关键步骤】
(1) 熟悉 PowerPoint 的基本操作。
(2) 应用"开始"菜单下的"字体"命令设置字体、字号等。
(3) 应用"动画"菜单下的"动画"命令进行动画设置。
(4) 应用"插入"菜单下的"页脚和页眉"命令插入页脚备注。
参考答案

英雄事迹

2019年3月30日18时许,四川省凉山州木里县雅砻江镇发生森林火灾。31日下午,四川森林消防总队凉山州支队指战员和地方扑火队员共689人抵达海拔4000余米的原始森林展开扑救。扑火行动中,因风力风向突变,突发林火爆燃,现场扑火人员紧急避险,其中27名森林消防指战员和3名地方扑火队员壮烈牺牲。

英雄事迹

试题五(共 15 分)
在 Excel 的 Sheet1 工作表 A1:I22 单元格创建表格(内容如下图所示)。按题目要求完成后,用 Excel 的保存功能直接存盘。文件名为"成绩表.xlsx"。

	A	B	C	D	E	F	G	H	I
1	姓名	数学	英语	计算机	政治	平均分	总分	奖学金	评价
2	徐一航	95	90	90	93				
3	张震	100	86	78	98				
4	邢朝波	77	86	82	76				
5	武一元	74	70	80	89				
6	尉高耀	79	95	79	79				
7	孙俊杰	82	90	83	78				
8	房澳宇	91	79	96	80				
9	孙奥淼	97	72	97	85				
10	邓一琳	77	71	71	79				
11	李清华	97	79	96	92				
12	赵祎静	93	93	86	92				
13	胡若海	90	88	93	88				
14	丁虎	86	97	95	93				
15	王田文	98	93	73	86				
16	路子瑶	91	73	85	89				
17	杨超群	71	72	73	79				
18	王振宇	88	96	86	71				
19	冯晓哲	96	87	90	86				
20	金博涵	86	72	80	93				
21	张兴星	87	76	76	97				
22	夏伟健	77	90	83	86				

要求：

1. 表格要有可视的边框，并将表中的文字设置为宋体、12 磅、居中。
2. 用 ROUND 和 AVERAGE 函数计算平均分，计算结果保留 2 位小数。
3. 用 SUM 函数计算总分。
4. 根据总分，用 IF 函数计算奖学金，计算方法为总分大于等于 350 的奖学金为 500，否则不显示任何内容。
5. 根据"数学""英语"成绩，用 IF 函数和 AND 函数计算评价，计算方法为"数学"和"英语"均大于 90 分，评价为"优秀"，否则不显示任何内容。

试题五分析

【考查目的】

- 用 Excel 创建工作表。
- 单元格格式设置。
- 函数计算。

【要点分析】

本题要点：文字的编排（包括字体、字号等）、单元格格式设置、函数计算。

【操作的关键步骤】

（1）文字的编排。使用"开始"菜单下的"字体"命令进行设置。

（2）函数计算。徐一航的平均分计算函数为："=AVERAGE (B2:E2)"；总分计算函数为："=SUM (B2:E2)"；奖学金评定计算函数为："=IF (G2>=350,"500","")"；评价的计算函数为："=IF(AND(B2>90,C2>90),"优秀","")"。

（3）数值小数位设置。使用"开始"菜单下的"设置单元格格式"命令进行设置。

参考答案

	A	B	C	D	E	F	G	H	I
1	姓名	数学	英语	计算机	政治	平均分	总分	奖学金	评价
2	徐一航	95	90	90	93	92.00	368	500	
3	张震	100	86	78	98	90.50	362	500	
4	邢朝波	77	86	82	76	80.25	321		
5	武一元	74	70	80	89	78.25	313		
6	尉高耀	79	95	79	79	83.00	332		
7	孙俊杰	82	90	83	78	83.25	333		
8	房澳宇	91	79	96	80	86.50	346		
9	孙奥淼	97	72	97	85	87.75	351	500	
10	邓一琳	77	71	71	79	74.50	298		
11	李清华	97	79	96	92	91.00	364	500	
12	赵炜静	93	93	86	92	91.00	364	500	优秀
13	胡若海	90	88	93	88	89.75	359	500	
14	丁虎	86	97	95	93	92.75	371	500	
15	王田文	98	93	73	73	84.25	337		优秀
16	路子瑶	91	73	85	89	84.50	338		
17	杨超群	71	72	73	79	73.75	295		
18	王振宇	88	96	86	71	85.25	341		
19	冯晓哲	96	87	90	86	89.75	359	500	
20	金博涵	86	72	80	93	82.75	331		
21	张兴星	87	76	76	79	79.50	318		
22	夏伟健	77	90	83	86	84.00	336		

第13章 2020下半年信息处理技术员上午试题分析与解答

试题（1）
关于信息的叙述，正确的是__(1)__。
(1) A．信息与事物状态无关　　　　　　B．信息是物质或能量
　　　C．信息是数据的载体　　　　　　　D．数据是信息的载体

试题（1）分析
本题考查信息与信息技术的基本概念。
数据是具体的，信息是抽象的，是数据所表达的含义，因此数据是信息的载体。

参考答案
(1) D

试题（2）
以下关于企业信息处理的叙述中，不正确的是__(2)__。
(2) A．数据是企业的重要资源　　　　　　B．信息与噪声共存是常态
　　　C．数据处理是简单重复劳动　　　　D．信息处理需要透过数据看本质

试题（2）分析
本题考查信息与信息技术的基本概念。
数据处理虽然需要大量重复的劳动，但要结合业务实际并取得实效，更需要创造性的思考，选择合适的方法和技术。

参考答案
(2) C

试题（3）
__(3)__不属于大数据的特征。
(3) A．价值密度低　　B．数据类型繁多　　C．访问时间短　　D．处理速度快

试题（3）分析
本题考查信息与信息技术的基本概念。
大数据中包含了许多无用甚至错误的数据，虽然有些数据的价值很大，但价值密度往往很低。大数据很杂，种类繁多。现在的计算机和网络对大数据的处理速度快多了，但要从大数据中取得有用的信息，还是需要花费一定的时间。

参考答案
(3) C

试题（4）
银行有一种支付利息的方式：复利。即把前一期的利息和本金加在一起算作本金，再计

算下一期的利息。假设存入本金 30 000 元,年利率 3%,复利,存期 3 年,则到期本利和是 __(4)__ 。

(4) A. 33 600.00 元　　B. 32 781.81 元　　C. 32 700.00 元　　D. 30 900.00 元

试题(4)分析

本题考查初等数学应用的基础知识。

根据题意,在银行存入 30 000 元,一年后本息之和为 30 000×(1+3%)=30 900 元,两年后为 30 900×(1+3%)=31 827 元,三年后将得到 31 827×(1+3%)=32 781.81 元。

参考答案

(4) B

试题(5)

3 张不同的电影票全部分给 10 个人,每个人至多 1 张,则有 __(5)__ 种不同的分法。

(5) A. 120　　B. 360　　C. 720　　D. 1024

试题(5)分析

本题考查初等数学应用的基础知识。

将第 1 张电影票分给 10 人中的 1 人有 10 种结果,将第 2 张票分给剩余的 9 人中的 1 人有 9 种结果,将第 3 张票分给剩余 8 人中的 1 人有 8 种结果。最终,分配方法共有 10×9×8=720 种。

参考答案

(5) C

试题(6)

样本{5,2,6,7,5}的方差是 __(6)__ 。

(6) A. 1.5　　B. 2.8　　C. 3.4　　D. 4.5

试题(6)分析

本题考查初等数学应用的基础知识。

样本的平均值为(5+2+6+7+5)/5=5,每个数与平均值之差的平方为{0,9,1,4,0},因此样本的方差为(0+9+1+4+0)/5=2.8。

参考答案

(6) B

试题(7)

下列选项中,不属于数据清洗的是 __(7)__ 。

(7) A. 检查数据一致性　　　　　　B. 删除重复数据
　　 C. 数据排序　　　　　　　　　D. 处理无效值和缺失值

试题(7)分析

本题考查数据处理的基础知识。

原始数据中有很多无用的数据,包括错误数据、重复数据、矛盾数据、无效数据和数据缺失等,在统计分析之前先要做数据清洗。数据排序不属于数据清洗工作。

参考答案

（7）C

试题（8）

一个四位二进制补码的表示范围是__(8)__。

（8）A．0～15　　　　B．–8～7　　　　C．–7～7　　　　D．–7～8

试题（8）分析

本题考查计算机的基础知识。

四位二进制补码包括：

7（0111），6（0110），…，2（0010），1（0001），0（0000），

–8（1000），–7（1001），–6（1010），…，–2（1110），–1（1111）

其中，最高位是符号位，负数补码的后三位应是相应的正数后三位的反码加1。

参考答案

（8）B

试题（9）

关于ASCII码的说法，不正确的是__(9)__。

（9）A．ASCII码是目前最常用的西文字符编码

　　　B．ASCII码字符的最高位为0

　　　C．计算机用一个字节来存放一个ASCII码字符

　　　D．ASCII码可以用于存储汉字

试题（9）分析

本题考查计算机的基础知识。

存储每个汉字的机内码占两个字节，显示或打印汉字采用外码，都不是ASCII码。

参考答案

（9）D

试题（10）

下列选项中，支持动画的图像存储格式是__(10)__。

（10）A．JPEG　　　B．GIF　　　　C．BMP　　　　D．PNG

试题（10）分析

本题考查计算机的基础知识。

GIF格式支持动画，其他选项都是静态图像格式。

参考答案

（10）B

试题（11）

下列选项中，不属于数据校验方法的是__(11)__。

（11）A．奇偶校验　　B．海明码　　　C．CRC循环校验码　　D．BCD码

试题（11）分析

本题考查计算机的基础知识。

BCD 码是在计算机内表示十进制数的方法，其中每个数字都用二进制形式来表示，占 4 比特，不属于数据校验的方法。

参考答案

（11）D

试题（12）

企业面对大量数据往往存在不少难题：不了解大数据平台中有哪些数据，难以理解海量数据与业务的关系，不了解哪些数据是解决业务问题的关键。这些问题属于 __（12）__。

（12）A．数据难知　　B．数据难取　　C．数据难控　　D．数据难联

试题（12）分析

本题考查数据处理的基础知识。

企业往往不了解大数据平台中有哪些数据，难以理解海量数据与业务的关系，不了解哪些数据是解决业务问题的关键，这些问题属于数据难知。

参考答案

（12）A

试题（13）

__（13）__ 是运算器和控制器的合称。

（13）A．主机　　B．外设　　C．中央控制器　　D．总线控制器

试题（13）分析

本题考查计算机的基础知识。

运算器和控制器合称为主机。

参考答案

（13）A

试题（14）

计算机存储器的最小单位为 __（14）__。

（14）A．字节　　B．比特　　C．字　　D．双字

试题（14）分析

本题考查计算机的基础知识。

计算机存储器的最小单位为比特（bit），存储一个二进位数字 0 或 1。

参考答案

（14）B

试题（15）

关于指令和数据的描述，错误的是 __（15）__。

（15）A．指令是指示计算机执行某种操作的命令

　　　B．都存于存储器中

　　　C．指令和数据在计算机内部都是用二进制表示的

　　　D．CPU 把信息从主存读出后才能区分是指令还是数据

试题（15）分析

本题考查计算机的基础知识。

存储器存储的内容本身不能区分指令和数据，需要根据当前指令的执行，读出有关的数据进行处理，再从主存读出下次需要执行的指令。指令本身也可以作为数据被处理。

参考答案

（15）D

试题（16）

关于数值编码的说法，不正确的是 __（16）__ 。

（16）A．真值是由人识别的

　　　B．机器数指数值在计算机中的编码表示

　　　C．机器码是供机器使用的

　　　D．数值编码的内容就是在计算机中如何把机器码映射为真值

试题（16）分析

本题考查计算机的基础知识。

真值就是一般人理解的实际值，机器码是计算机内部的编码。从机器码到真值的映射是靠一系列指令将其转换成外码而显示或打印的。

参考答案

（16）D

试题（17）

硒鼓和墨粉是 __（17）__ 的消耗品。

（17）A．针式打印机　　B．行式打印机　　C．喷墨打印机　　D．激光打印机

试题（17）分析

本题考查计算机的基础知识。

除了打印纸外，硒鼓和墨粉是激光打印机的消耗品。

参考答案

（17）D

试题（18）

下列数中，最小的数为 __（18）__ （注：括号后的下标为编码方式或者进制）。

（18）A．$(11100101)_2$　　B．$(90)_{10}$　　C．$(10010010)_{BCD}$　　D．$(5F)_{16}$

试题（18）分析

本题考查计算机的基础知识。

$(11100101)_2=1+4+32+64+128>90$，$(10010010)_{BCD}=92$，$(5F)_{16}=5×16+15>90$。

参考答案

（18）B

试题（19）

软件发行后，还会不定期发布补丁。一般来说，补丁程序解决的问题不包括 __（19）__ 。

（19）A．软件中的错误　　B．不安全因素　　C．功能需要扩展　　D．某些功能缺陷

试题（19）分析

本题考查计算机的基础知识。

软件功能扩展后将形成新的软件版本。

参考答案

（19）C

试题（20）

___(20)___ 可以解决 CPU 与内存之间的速度匹配问题。

（20）A．RAM　　　　B．DRAM　　　　C．Cache　　　　D．ROM

试题（20）分析

本题考查计算机的基础知识。

CPU 处理速度快，而主存存取数据的速度慢，为此在 CPU 中设置了高速的缓存 Cache（但容量小、价格高），将最近常用的数据放在 Cache 中，以提高总体的处理速度，又尽量节省成本。

参考答案

（20）C

试题（21）

关于汇编语言的描述，不正确的是 ___(21)___ 。

（21）A．对程序员来说，需要硬件知识

　　　B．汇编语言对机器的依赖性高

　　　C．汇编语言的源程序通常比高级语言源程序短小

　　　D．汇编语言编写的程序执行速度比高级语言快

试题（21）分析

本题考查计算机的基础知识。

计算机硬件本身只能执行由指令（0 和 1 数字串）组成的机器语言。为便于记忆，用符号表示指令形成汇编语言，但编程仍然复杂而且程序很长。用人们能理解的高级语言编程则简化很多，再通过编译程序转化为汇编语言和机器语言。

参考答案

（21）C

试题（22）

操作系统的功能不包括 ___(22)___ 。

（22）A．管理计算机系统中的资源　　　B．调度运行程序

　　　C．对用户数据进行分析处理　　　D．提供人机交互界面

试题（22）分析

本题考查计算机的基础知识。

对用户数据进行分析处理是依靠应用程序来完成的。

参考答案

（22）C

试题（23）

在显示文件目录的资源管理器中，不能对文件进行__(23)__操作。

(23) A. 复制　　　　B. 合并　　　　C. 剪切　　　　D. 删除

试题（23）分析

本题考查计算机的基础知识。

在资源管理器中，可以对文件进行查看、更名、剪切、复制、粘贴、移动和删除操作。文件合并需要用其他应用程序来完成。

参考答案

(23) B

试题（24）

关于主板的叙述，不正确的是__(24)__。

(24) A. 主板是构成计算机系统的基础
　　　B. 已安装在主板上的 CPU 不能进行更换
　　　C. 主板的性能决定了所插部件性能的发挥
　　　D. 主板的可扩展性决定了计算机系统的升级能力

试题（24）分析

本题考查计算机的基础知识。

台式计算机机箱内最大的一块集成电路板就是主板，在其上插入 CPU 芯片，在扩展槽中插入内存条等，主板上还有许多接口。CPU 芯片坏了是可以更换的。

参考答案

(24) B

试题（25）

显示器的分辨率是指屏幕上水平像素和垂直像素的数目。以下几种分辨率中，__(25)__显示的图像最清晰，显示的字符最小。

(25) A. 1024×768　　B. 1280×1024　　C. 1600×1200　　D. 1920×1200

试题（25）分析

本题考查计算机的基础知识。

显示器的像素越多显示越清晰，屏幕上能显示更多行，每行显示更多字符，显示的字符也更小。

参考答案

(25) D

试题（26）

关于矢量图的说法，不正确的是__(26)__。

(26) A. 是根据几何特性来绘制的
　　　B. 图形的元素是一些点、直线、弧线等
　　　C. 图形任意放大或者缩小后，清晰度会明显变化
　　　D. 计算机辅助设计（CAD）系统中常用矢量图来描述十分复杂的几何图形

试题（26）分析

本题考查计算机的基础知识。

矢量图以图形的参数来描述图形，放大或缩小图形后图形的清晰度基本不变。

参考答案

（26）C

试题（27）

操作系统、通用的数据库系统、办公软件等统称__（27）__。

（27）A．基础软件　　　B．系统软件　　　C．应用软件　　　D．支撑软件

试题（27）分析

本题考查计算机的基础知识。

绝大多数计算机都安装了操作系统、通用的数据库系统和办公软件，为此，将这些软件统称为基础软件。

参考答案

（27）A

试题（28）

图像数字化是将连续色调的模拟图像经采样量化后转换成数字影像的过程。以下描述不正确的是__（28）__。

（28）A．图像的数字化过程主要分采样、量化与编码三个步骤

　　　B．把模拟图像转变成电子信号，随后才将其转换成数字图像信号

　　　C．量化的结果是图像容纳的像素点总数，它反映了采样的质量

　　　D．数字图像便于通过网络分享、传播

试题（28）分析

本题考查计算机的基础知识。

模拟图像量化的结果是一个二进制信息存储块。图像的每个像素用若干位二进制数字表示色彩。像素越多，而且每个像素对应的色彩位数越多，图像就越清晰，采样的质量就越高。

参考答案

（28）C

试题（29）

新文件保存的三要素是主文件名、__（29）__。

（29）A．文件长度、保存时间　　　B．文件类型、保存位置

　　　C．文件类型、文件长度　　　D．保存时间、保存位置

试题（29）分析

本题考查计算机的基础知识。

保存新文件时必须确定的三要素是主文件名、文件类型和保存位置。

参考答案

（29）B

试题（30）

RISC 是___（30）___的简称。

(30) A. 精简指令系统计算机　　　　B. 大规模集成电路
　　　C. 复杂指令计算机　　　　　　D. 数字逻辑电路

试题（30）分析

本题考查计算机的基础知识。

精简指令集计算机（Reduced Instruction Set Computer，RISC）是一种快速执行频繁使用的较少类型指令的微处理器，复杂指令常用软件来实现。这种计算机处理速度更快，硬件成本也更低。

参考答案

(30) A

试题（31）

在 Windows 7 中，"写字板"和"记事本"软件所编辑的文档___（31）___。

(31) A. 均可通过剪切、复制和粘贴与其他 Windows 应用程序交换信息
　　　B. 只有写字板可通过剪切、复制和粘贴与其他 Windows 应用程序交换信息
　　　C. 只有记事本可通过剪切、复制和粘贴与其他 Windows 应用程序交换信息
　　　D. 两者均不能与其他 Windows 应用程序交换信息

试题（31）分析

本题考查办公软件的基础知识。

在 Windows 7 中，大多数人常用的办公软件所编辑的文档均可通过剪切、复制和粘贴与其他 Windows 应用程序交换信息。

参考答案

(31) A

试题（32）

Windows 7 中录音机录制的声音文件默认的扩展名为___（32）___。

(32) A. MP3　　　B. WAV　　　C. WMA　　　D. RM

试题（32）分析

本题考查办公软件的基础知识。

Windows 7 中录音机录制的声音文件默认的扩展名为 WMA。

参考答案

(32) C

试题（33）

在 Word 2007 文档中查找所有的"广西""广东"，可在查找内容中输入___（33）___，再陆续检查处理。

(33) A. 广西或广东　　B. 广西　　　C. 广?　　　D. 广西、广东

试题（33）分析

本题考查办公软件的基础知识。

查找内容中的符号"?"可以代替任意一个字符。

参考答案

（33）C

试题（34）

打开一个指定文档，其实质是 ___（34）___ 。

（34）A．为文档创建一个空白文档窗口
　　　B．为文档开辟一块硬盘空间
　　　C．把文档的内容从内存中读出并显示出来
　　　D．将文档从硬盘调入内存并显示出来

试题（34）分析

本题考查办公软件的基础知识。
一般的文档都存放在硬盘中，打开它意味着将该文档从硬盘调入内存并显示出来。

参考答案

（34）D

试题（35）

在 Word 2007 字体设置的对话框中，不能进行 ___（35）___ 操作。

（35）A．加粗　　　B．加下画线　　　C．行距　　　D．加删除线

试题（35）分析

本题考查办公软件的基础知识。
调整行距应在"段落"对话框中设置。

参考答案

（35）C

试题（36）

在 Word 2007 文档中，为需要在每页上方显示相同的信息，该信息应放置在 ___（36）___ 。

（36）A．尾注　　　B．批注　　　C．页眉　　　D．页脚

试题（36）分析

本题考查办公软件的基础知识。
文档的页眉指的是每页上方展示的信息。

参考答案

（36）C

试题（37）

使用 Word 2007 编辑文档时，框选字符后又继续输入字符，其结果是 ___（37）___ 。

（37）A．在选定文字的后面添加了新输入的几个字符
　　　B．在选定文字的前面添加了新输入的几个字符
　　　C．从选定文字的后面自动分段，在下一段的开头添加新输入的字符
　　　D．由新输入的字符替换了被选定的字符

试题（37）分析

本题考查办公软件的基础知识。

选定信息块后再输入字符串意味着用新输入的字符串代替原来选定的信息块。

参考答案

（37）D

试题（38）

在 Word 2007 文档编辑时，对选定文字进行字体设置后__（38）__格式被更新。

（38）A．文档的全部文字　　　　　B．插入点所在行中的文字
　　　C．文档中被选择的文字　　　D．插入点所在段落中的文字

试题（38）分析

本题考查办公软件的基础知识。

设置字体的做法是：先选定文字块，再利用"字体"菜单设置所需的字体。因此格式被更新的是选定的文字。

参考答案

（38）C

试题（39）

在 Word 2007 文档中插入的图片__（39）__。

（39）A．可以嵌入到文本段落中
　　　B．只能显示，无法用打印机打印输出
　　　C．不能自行绘制，只能从 Office 的剪辑库中插入
　　　D．位置可以改变，但大小不能改变

试题（39）分析

本题考查办公软件的基础知识。

在文档中插入图片的方法是：先用鼠标选定插入位置，再利用"插入"→"图片"菜单项选择所需的图片，还可以选择文字围绕图片的方式等。插入后还可调整图片的大小和位置。

参考答案

（39）A

试题（40）

在 Word 2007 编辑状态插入图片时，文字不可以采用__（40）__环绕方式。

（40）A．四周型　　　B．紧密型　　　C．上下型　　　D．左右型

试题（40）分析

本题考查办公软件的基础知识。

在 Word 2007 中插入图片后，菜单栏中"环绕方式"图标的下拉菜单中不包括"左右型"。如需将文字和图片左右放置，则可以先选择"四周型"环绕方式，再调整图片的大小和位置。

参考答案

（40）D

试题（41）

以下关于收发电子邮件的叙述中，正确的是__(41)__。

(41) A．只有双方同时打开计算机后才能向对方发送电子邮件

B．只有双方同时接入互联网后才能向对方发送电子邮件

C．只要有对方的 E-Mail 地址，就可以通过网络向其发送电子邮件

D．向对方误发电子邮件后，还可以用撤销操作删除该邮件

试题（41）分析

本题考查办公软件的基础知识。

发送方只要有对方的 E-Mail 地址，就可以通过网络向其发送电子邮件。

参考答案

(41) C

试题（42）

关于 Word 2007 页边距的说法，不正确的是__(42)__。

(42) A．页边距的设置只影响当前页

B．用户可以使用"页面设置"对话框来设置页边距

C．用户可以使用标尺来调整页边距

D．用户既可以设置左、右边距，又可以设置上、下边距

试题（42）分析

本题考查办公软件的基础知识。

在 Word 2007 中设置文档页边距是默认对整个文档所有页都有效。

参考答案

(42) A

试题（43）

下列关于 Word 2007 文档打印的叙述，正确的是__(43)__。

(43) A．必须退出预览状态后才可以打印

B．在打印预览状态也可以直接打印

C．在打印预览状态不能打印

D．只能在打印预览状态打印

试题（43）分析

本题考查办公软件的基础知识。

在 Word 2007 的打印预览状态也可以直接打印文档。

参考答案

(43) B

试题（44）

下列关于 Word 2007 操作叙述中，不正确的是__(44)__。

(44) A．一次只能打开一个文档，不能同时打开多个文档

B．可以将文件保存为纯文本（TXT）格式

C．默认的扩展名为 DOCX

D．在关闭 Word 文档时，将提示保存修改后未被保存的文件

试题（44）分析

本题考查办公软件的基础知识。

Word 文字处理软件可以同时打开多个文档。

参考答案

（44）A

试题（45）

做社会调查时，问卷题型中一般不包括__（45）__。

（45）A．填空题　　　B．多选题　　　C．排序题　　　D．开放题

试题（45）分析

本题考查信息处理的基础知识。

做问卷调查时，一般不会用填空题。多数人不愿意写字填空，费时间；当含义模糊时，理解起来并不容易，不便咨询；即使填写了，写得也不标准，难以做后续处理以及统计分析。

参考答案

（45）A

试题（46）

在 Excel 2007 中，用来存储并处理工作表数据的文件，被称为__（46）__。

（46）A．工作簿　　　B．工作区　　　C．单元格　　　D．文档

试题（46）分析

本题考查办公软件的基础知识。

每个 Excel 文件就是一个工作簿，其中可以包含多个工作表。

参考答案

（46）A

试题（47）

在 Excel 2007 中，公式中的绝对引用地址在被复制到其他单元格时，其__（47）__。

（47）A．行地址和列地址都不会改变　　　B．行地址改变，列地址不变

　　　C．列地址改变，行地址不变　　　　D．行地址和列地址都会改变

试题（47）分析

本题考查办公软件的基础知识。

绝对地址由绝对的行号和列号组成，即使复制到其他单元也不会改变。

参考答案

（47）A

试题（48）

在 Excel 2007 中，若要计算出 B3:E6 区域内的数据的最小值并保存在 B7 单元格中，应在 B7 单元格中输入__（48）__。

（48）A．=MIN(B3:E6)　B．=MAX(B3:E6)　C．=COUNT(B3:E6)　D．=SUM(B3:E6)

试题（48）分析

本题考查办公软件的基础知识。

矩形区域由"左上角单元地址:右下角单元地址"表示，求最小值的函数名为 MIN。

参考答案

（48）A

试题（49）

在 Excel 2007 中，若 A1 单元格中的值为–1，B1 单元格中的值为 1，在 B2 单元格中输入=SUM(SIGN(A1)+ B1)，则 B2 单元格中的值为__（49）__。

（49）A．–1　　　　B．0　　　　C．1　　　　D．2

试题（49）分析

本题考查办公软件的基础知识。

函数 SIGN(A1)的值就是单元格 A1 中数据的符号，正数时取值 1，负数时取值–1，0 时取值 0。由于此时 A1 中的值为–1，所以 SIGN(A1)= –1。函数 SUM 为求和，–1 与 1 的和为 0。

参考答案

（49）B

试题（50）

在 Excel 2007 中，若在 A1 单元格中输入=POWER(2,3)，则 A1 单元格中的值为 （50） 。

（50）A．5　　　　B．6　　　　C．8　　　　D．9

试题（50）分析

本题考查办公软件基础知识。

POWER(2,3)表示 2 的 3 次方，应等于 8。

参考答案

（50）C

试题（51）

在 Excel 2007 中，函数 INT(–12.6)的结果是__（51）__。

（51）A．12　　　　B．–12　　　　C．13　　　　D．-13

试题（51）分析

本题考查办公软件的基础知识。

函数 INT(–12.6)表示不超过–12.6 的最大整数（正数时表示取整数部分），其值为–13。

参考答案

（51）D

试题（52）

在 Excel 2007 中，假设单元格 A1 为文字格式"15"，单元格 A2 为数字"3"，单元格 A3 为数字"2"，则函数 COUNT(A1:A3)等于__（52）__。

（52）A．20　　　　B．6　　　　C．3　　　　D．2

试题（52）分析

本题考查办公软件的基础知识。

函数 COUNT(A1:A3)表示 A1、A2、A3 三个单元格中含有数值的个数。文字格式"15"不能算数值，而数字"3"和数字"2"都是数值。

参考答案

（52）D

试题（53）

在 Excel 2007 中，单元格 A1、A2、A3、A4 的值分别为 10、20、30、40，则函数 MAX(MIN(A1:A2),MIN(A3:A4))等于__（53）__。

（53）A. 10　　　　　B. 20　　　　　C. 30　　　　　D. 40

试题（53）分析

本题考查办公软件的基础知识。

函数 MIN 用于求最小值，函数 MAX 用于求最大值。MIN(A1:A2)=10，MIN(A3:A4)=30，MAX(10,30) =30。

参考答案

（53）C

试题（54）

在 WPS 2016 电子表格中，能对数据进行绝对值运算的函数是__（54）__。

（54）A. ABS　　　　B. ABX　　　　C. POWER　　　D. EXP

试题（54）分析

本题考查办公软件的基础知识。

函数 ABS 用于求绝对值。

参考答案

（54）A

试题（55）

在 WPS 2016 电子表格中，如果要使单元格 D1 的值在 B1 大于 100 且 C1 小于 60 时取值为"可以"，否则取值为"不可以"，则应在 D1 中输入__（55）__。

（55）A．=IF(B1>100 AND C1<60, "可以","不可以")

　　　B．=IF(B1>100 OR C1<60, "可以", "不可以")

　　　C．=IF(AND(B1>100,C1<60), "可以","不可以")

　　　D．=IF(OR(B1>100,C1<60), "可以", "不可以")

试题（55）分析

本题考查办公软件的基础知识。

AND(B1>100,C1<60)表示 B1>100 和 C1<60 的逻辑与（逻辑乘）运算，只有两式同时为真时结果才为真，否则结果为假。表达式 IF(逻辑表达式,值 1,值 2)表示，当逻辑表达式为真时，结果为值 1；当逻辑表达式为假时，结果为值 2。

参考答案

（55）C

试题（56）

关于软件卸载操作的叙述中，不正确的是　（56）　。

（56）A．可用软件自带的卸载程序来删除软件

　　　B．可用控制面板中的"添加/删除程序"删除软件

　　　C．直接删除可执行程序文件

　　　D．不要手动删除那些".sys"".dll"等文件

试题（56）分析

本题考查计算机的基础知识。

直接删除可执行程序会遗留不少垃圾在硬盘中，卸载软件不干净。

参考答案

（56）C

试题（57）

PowerPoint 的演示文稿可以保存为　（57）　，可以在没有安装演示文稿软件的机器上放映。

（57）A．PowerPoint 放映　　　　　　B．PDF 文件

　　　C．pptx 文件　　　　　　　　　D．PowerPoint 图片演示文稿

试题（57）分析

本题考查办公软件的基础知识。

如果将演示文稿按一般方式直接保存，则在另一台计算机上放映前需要确认已安装相关的演示文稿软件。为了在其他计算机上能直接放映演示文稿，应利用"另存为"命令，在弹出的对话框中的"保存类型"中选择"PowerPoint 放映"选项。

参考答案

（57）A

试题（58）

Access 属于　（58）　数据库管理系统。

（58）A．关系　　　　B．层次　　　　C．网状　　　　D．属性

试题（58）分析

本题考查办公软件的基础知识。

Access 属于关系数据库管理系统。

参考答案

（58）A

试题（59）

　（59）　是企业为提高核心竞争力，利用相应的信息技术以及互联网技术协调企业与客户间在营销和服务上的交互，从而提升其管理方式，向客户提供创新式的个性化的客户交互和服务的过程。

（59）A．企业资源计划（ERP）　　　　B．客户关系管理（CRM）

C．供应链管理（SCM） D．计算机辅助制造（CAM）

试题（59）分析

本题考查信息处理实务的基础知识。

客户关系管理（CRM）是企业向客户提供个性化的客户交互和服务的过程。

参考答案

（59）B

试题（60）

利用暴力或非暴力手段攻击破坏信息系统的安全，便构成计算机犯罪。其犯罪的形式有多种。有人在计算机内有意插入程序，在特定的条件下触发该程序执行，瘫痪整个系统或删除大量的信息。这种犯罪形式属于__(60)__。

（60）A．数据欺骗　　B．逻辑炸弹　　C．监听窃取　　D．超级冲击

试题（60）分析

本题考查信息安全的基础知识。

逻辑炸弹是犯罪分子故意放置在计算机程序中的，在特定的条件下触发该程序执行，瘫痪整个系统或删除大量的信息。

参考答案

（60）B

试题（61）

解决网络安全问题的技术分为主动防御保护技术和被动防御保护技术两大类。__(61)__属于主动防御保护技术。

（61）A．入侵检测　　B．防火墙　　C．审计跟踪　　D．访问控制

试题（61）分析

本题考查信息安全的基础知识。

访问控制就是提前设置每个用户对敏感文件的访问权限，属于主动防御保护技术。

参考答案

（61）D

试题（62）

在以下选项中，不属于计算机病毒特征的是__(62)__。

（62）A．潜伏性　　B．传染性　　C．隐蔽性　　D．规则性

试题（62）分析

本题考查信息安全的基础知识。

计算机病毒具有潜伏性、传染性、隐蔽性和破坏性等特征。

参考答案

（62）D

试题（63）

企业建立网络安全体系时应有的假设中不包括__(63)__。

（63）A．假设系统中存在尚未发现的漏洞

B．假设已发现的漏洞中还有未修补的漏洞
C．假设企业内部的人是可靠的，风险在外部
D．假设外部有人企图入侵系统或已入侵系统

试题（63）分析

本题考查信息安全的基础知识。

不少信息安全问题是由内部人员或者内外人员的勾结造成的。

参考答案

（63）C

试题（64）

在我国，对下列知识产权保护类型的保护期限最长的是__（64）__。

（64）A．实用新型专利　　　　　　B．外观设计专利
　　　C．发明专利　　　　　　　　D．公民的作品发表权

试题（64）分析

本题考查信息技术规范的基础知识。

知识产权中商标权的保护期限为十年，可以续展，续展一次为十年。发明专利权的期限为二十年。实用新型专利权和外观设计专利权的期限为十年。著作权的保护期限一般为五十年，发表权归属于著作权。

参考答案

（64）D

试题（65）

某地区在 12～30 岁居民中随机抽取了 10000 个人的身高和体重的统计数据，可以根据该数据画出 __（65）__ 来判断居民的身高和体重之间的关系模式。

（65）A．饼图　　　　B．雷达图　　　　C．散点图　　　　D．柱状图

试题（65）分析

本题考查信息处理实务的基础知识。

由于数据量大，绘制散点图便于查看宏观情况，并判断身高与体重之间的关系。

参考答案

（65）C

试题（66）

某食品厂生产的某种食品以 500 克为单位进行包装，其误差为 10 克，为了更准确表达其商品的重量，会在食品包装上注明__（66）__。

（66）A．重量 500 克，误差 10 克　　　　B．净重 490-510 克
　　　C．净重 500 克，误差 10 克　　　　D．净重 500±10 克

试题（66）分析

本题考查信息处理实务的基础知识。

500±10 表示 500 上下波动 10，即从 490 到 510。

参考答案

（66）D

试题（67）

下图是北京机场 2008 年到 2013 年客流量的统计图，从该图中无法看出 __（67）__ 。

（67）A．客流量逐年递增

B．客流量递增趋势逐年增大

C．与上一年相比，2009 年客流量递增幅度最大

D．与上一年相比，2013 年客流量递增幅度最小

试题（67）分析

本题考查信息处理实务的基础知识。

从图中看出，客流量逐年递增，但增速趋缓。

参考答案

（67）B

试题（68）

在数据分析时，即使面对正确的数据，如果采用错误的统计和错误的推理方法，那么据此做出的决策也将出现问题。以下叙述中， __（68）__ 是正确的。

（68）A．有意选择那些有助于支持自己的假设的数据进行统计

B．不能仅对容易获得的定量指标进行统计，忽略其他指标

C．观察到数据子集中的某些趋势，将其作为整体的趋势

D．先按领导想法确定统计结论，再选择数据表明其正确性

试题（68）分析

本题考查信息处理实务的基础知识。

面对正确的大量数据，还是有人采用了错误的统计方法，得到偏颇的结论。例如，仅选择那些容易获得、容易计算的部分定量指标进行统计，忽略其他重要的指标。

参考答案

（68）B

试题（69）

小李是某厂的信息技术员，他的工作是负责搜集企业的外部信息，下面__（69）__不属于小李的信息搜集范围。

（69）A．与该厂产品销售有关的文化活动
   B．影响该厂产品销售的自然气候
   C．与该厂生产的产品无关的技术信息
   D．法律法规

试题（69）分析

本题考查信息处理实务的基础知识。

选项 C 超出了小李的工作范围。

参考答案

（69）C

试题（70）

信息技术员小张搜集甲、乙、丙、丁四条河流信息时，发现四条河流的流速图（如下图）有问题。按照历年的流量的平均统计，甲河流的流量远大于其他河流，且甲和丁河流地处雨水充沛的南方，而乙、丙河流处于干旱北方。于是小张最好的处理方法是__（70）__。

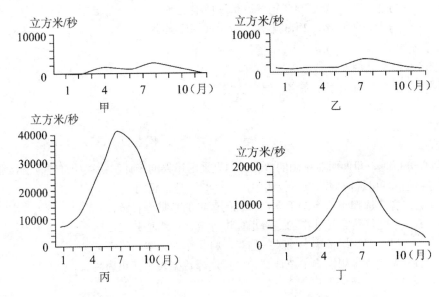

（70）A．不理睬
   B．坐标轴的标注可能存在问题
   C．抛弃这些流速图
   D．根据常识性规则，在确认乙、丁图无误的情况下，将甲、丙图进行了互换

试题（70）分析

本题考查信息处理实务的基础知识。

从图中可知，丙河的流量远大于其他河流。丙和丁河水充沛，甲、乙河水很少，应地处干旱区。与题意比较，甲、丙两图应互换。

参考答案

（70）D

试题（71）

A （71） is a computer system or program that automatically prevents an unauthorized person from gaining access to a computer when it is connected to a network such as the Internet.

（71）A．router　　　　　　　　　B．firewall
　　　C．anti-virus software　　　　D．gateway

参考译文

防火墙是一种计算机系统或程序，它能够自动防止非授权人通过所连接的网络（如互联网）获得计算机的存取权限。

参考答案

（71）B

试题（72）

In a computer, the （72） is the part that processes all the data and makes the computer work.

（72）A．memory　　　B．GPU
　　　C．CPU　　　　　D．mainboard

参考译文

在计算机内，CPU部件负责处理所有的数据，并使计算机运行。

参考答案

（72）C

试题（73）

An international computer network connecting other networks and computers, the biggest network of the world, is called （73）.

（73）A．intranet　　　　B．ARPA net
　　　C．NET　　　　　　D．Internet

参考译文

世界上最大的网络称为互联网，它是连接其他计算机和网络的国际计算机网。

参考答案

（73）D

试题（74）

The （74） Is a set of programs that controls the way a computer works and runs other programs.

　　　　（74）A．system software　　　　B．operating system
　　　　　　　C．database　　　　　　　　D．Central Processing Unit

参考译文

操作系统是一组程序，它控制计算机的运行方式，运行其他的程序。

参考答案

（74）B

试题（**75**）

A fault in a machine, especially in a computer system or program is called ＿＿（75）＿＿．

　　（75）A．bug　　　B．mistake　　　C．defect　　　D．error

参考译文

计算机中，特别是计算机系统或程序内的错误称为"bug"。

参考答案

（75）A

第14章 2020下半年信息处理技术员上机考试试题分析与解答

试题一（共 15 分）

利用系统提供的素材，按题目要求完成后，用 Word 的保存功能直接存盘。

这就是我的祖国

这就是我的祖国，这就是我深深爱恋的祖国。我爱你源远流长灿烂的历史，我爱你每一寸土地上的花朵，我爱你风光旖旎壮丽的河山，我爱你人民的性格坚韧执着。

要求：

1. 设置第一段首字下沉，下沉行数为 2 行。
2. 将第一段（除首字）字体设置为隶书，字号设置为五号。
3. 在正文第一自然段后另起行录入第二段文字：我的祖国，我深深爱恋的祖国。你是昂首高吭的雄鸡，唤醒拂晓的沉默，你是冲天腾飞的巨龙——叱咤时代的风云，你是威风凛凛的雄狮——舞动神州的雄风，你是人类智慧的起源——点燃文明的星火。
4. 将第二段字体设置为楷体，字号设置为四号，加波浪下画线。

试题一分析

【考查目的】

- 文字录入及编排。
- 开始菜单的使用。
- 页面布局菜单的使用。

【要点分析】

本题要点：文档字体设置、首字下沉、文字录入。

【操作的关键步骤】

（1）文档格式。选定文档对象，通过"开始"菜单下的"字体"命令进行设置。
（2）页面设置。通过"页面布局"菜单下的"页面设置"命令进行设置。
（3）首字下沉设置。通过"插入"菜单下的"首字下沉"命令进行设置。

参考答案

这就是我的祖国，这就是我深深爱恋的祖国。我爱你源远流长灿烂的历史，我爱你每一寸土地上的花朵，我爱你风光旖旎壮丽的河山，我爱你人民的性格坚韧执着。

我的祖国，我深深爱恋的祖国。你是昂首高吭的雄鸡，唤醒拂晓的沉默，你是冲天腾飞的巨龙——叱咤时代的风云，你是威风凛凛的雄狮——舞动神州的雄风，你是人类智慧的起源——点燃文明的星火。

试题二（共 15 分）

用 Word 软件制作如图示的水电费清单。按题目要求完成后，用 Word 的保存功能直接存盘。

要求：

1. 插入一个 6 行 6 列的表格。
2. 设置表格第 1 行行高为最小值 1.2 厘米，其余行行高均为固定值 0.7 厘米；第 1 列列宽为 2 厘米，其余各列列宽均为 2.5 厘米。
3. 按样表所示合并单元格，添加相应文字。
4. 设置表格相应单元格底纹为标准颜色黄色。
5. 设置表格中所有文字的单元格对齐方式为水平且垂直居中，整个表格水平居中。
6. 表格边框左右两侧为 1.5 磅，其他线条为 1 磅。顶部底部线条为浅绿色，其他位置线条为黑色。

试题二分析

【考查目的】

- 文字设置和编排。
- 绘制表格。

【要点分析】

本题要点：绘制表格、字体设置、录入文字并进行编排。

【操作的关键步骤】

（1）文字编排。使用"开始"菜单下的"字体"命令进行字号和字体的设置。

（2）表格菜单的使用。使用"插入"菜单下的"表格"命令绘制表格。

参考答案

姓名	水电费清单				合计
	水费		电费		
	上半年	下半年	上半年	下半年	

试题三（共 15 分）

在 Excel 的 Sheet1 工作表的 A1:D19 单元格内创建"期末考试计算机成绩表"（内容如下图所示）。按题目要求完成后，用 Excel 的保存功能直接存盘。（表格没创建在指定区域将不得分）

	A	B	C	D
1	期末考试计算机成绩表			
2	学号	成绩	等级	排名
3	202001	88		
4	202002	90		
5	202003	58		
6	202004	60		
7	202005	90		
8	202006	75		
9	202007	77		
10	202008	82		
11	202009	96		
12	202010	51		
13	202011	72		
14	202012	98		
15	202013	69		
16	202014	86		
17	202015	81		
18	平均分			
19	及格率			

要求：

1. 表格要有可视的边框，并将文字设置为宋体、16 磅、居中。

2. 成绩≥90 为优秀，90＞成绩≥80 为良好，80＞成绩≥70 为中等，70＞成绩≥60 为合格，成绩＜60 为不及格，在等级列相应单元格内用 IF 函数计算每个学生的等级。

3. 在排名列相应单元格内用 RANK 函数计算学生的排名。

4. 在相应单元格内用 AVERAGE 函数计算平均分，保留 2 位小数。

5. 在相应单元格内用 COUNTIF、COUNT 函数计算及格率（大于等于 60 分为及格），计算结果用百分比形式表示，保留 2 位小数。

试题三分析

【考查目的】

- 用 Excel 创建工作表。
- 单元格格式设置。
- 函数计算。

【要点分析】

本题要点：文字的编排（包括字体、字号等）、单元格格式设置、函数计算。

【操作的关键步骤】

（1）文字的编排。使用"开始"菜单下的"字体"命令进行设置。

（2）函数计算。等级计算函数为：

"=IF(B3>=90,"优秀",(IF(B3>=80,"良好",IF(B3>=70,"中等",IF(B3>=60,"合格","不及格"))))))";

排名计算函数为："=RANK(B3,$B$3:$B$17,0)"；平均分计算函数为："=AVERAGE(B3:B17)"；

及格率计算函数为:"=COUNTIF(B3:B17,">=60")/COUNT(B3:B17)"。

参考答案

	A	B	C	D
1	期末考试计算机成绩表			
2	学号	成绩	等级	排名
3	202001	88	良好	5
4	202002	90	优秀	3
5	202003	58	不及格	14
6	202004	60	合格	13
7	202005	90	优秀	3
8	202006	75	中等	10
9	202007	77	中等	9
10	202008	82	良好	7
11	202009	96	优秀	2
12	202010	51	不及格	15
13	202011	72	中等	11
14	202012	98	优秀	1
15	202013	69	合格	12
16	202014	86	良好	6
17	202015	81	良好	8
18	平均分		78.20	
19	及格率		86.67%	

试题四（共 15 分）

在 Excel 的 Sheet1 工作表的 A1:D19 单元格内创建如下图所示学生成绩表。按题目要求完成后，用 Excel 的保存功能直接存盘。（表格没有创建在指定区域将不得分）

	A	B	C	D
1	学号	性别	成绩	名次
2	1801001	男	85	
3	1801002	男	76	
4	1801003	女	92	
5	1801004	男	83	
6	1801005	女	77	
7	1801006	女	62	
8	1801007	男	58	
9	1801008	男	49	
10	1801009	男	80	
11	1801010	女	90	
12	1801011	女	88	
13	1801012	男	76	
14	1801013	女	78	
15	1801014	男	69	
16	1801015	女	83	
17	男生平均成绩			
18	女生平均成绩			
19	及格率			

要求：

1. 表格要有可视的边框，并将文字设置为宋体、16 磅、居中。
2. 在相应单元格内用 RANK 函数计算每个学生的成绩名次。

3. 在相应单元格内用 AVERAGEIF 函数计算男生的平均成绩，计算结果保留一位小数。

4. 在相应单元格内用 AVERAGEIF 函数计算女生的平均成绩，计算结果保留一位小数。

5. 在相应单元格内用 COUNTIF、COUNT 函数计算及格率（大于等于 60 分为及格），计算结果用百分比形式表示，保留 1 位小数。

试题四分析

【考查目的】

- 用 Excel 创建工作表。
- 单元格格式设置。
- 函数计算。

【要点分析】

本题要点：文字的编排（包括字体、字号等）、单元格格式设置、函数计算。

【操作的关键步骤】

（1）文字的编排。使用"开始"菜单下的"字体"命令进行设置。

（2）函数计算。成绩名次计算函数为："=RANK(C2,$C$2:$C$16,0)"；

男生平均成绩计算函数为："=AVERAGEIF(B2:B16,B2,C2:C16)"；

女生平均成绩计算函数为："=AVERAGEIF(B2:B16,B4,C2:C16)"；

及格率计算函数为："=COUNTIF(C2:C16, ">=60")/COUNT(C2:C16)"。

参考答案

	A	B	C	D
1	学号	性别	成绩	名次
2	1801001	男	85	4
3	1801002	男	76	10
4	1801003	女	92	1
5	1801004	男	83	5
6	1801005	女	77	9
7	1801006	女	62	13
8	1801007	男	58	14
9	1801008	男	49	15
10	1801009	男	80	7
11	1801010	女	90	2
12	1801011	女	88	3
13	1801012	男	76	10
14	1801013	女	78	8
15	1801014	男	69	12
16	1801015	女	83	5
17	男生平均成绩		72.0	
18	女生平均成绩		81.4	
19	及格率		86.7%	

试题五（共 15 分）

利用系统提供的资料，用 PowerPoint 创意制作演示文稿。按照题目要求完成后，用 PowerPoint 的保存功能直接存盘。

素材:

庆祝中华人民共和国成立 70 周年阅兵式

庆祝中华人民共和国成立 70 周年阅兵式的全体受阅官兵由人民解放军、武警部队和民兵预备役部队约 15000 名官兵、580 台（套）装备组成的 15 个徒步方队、32 个装备方队；陆、海、空航空兵 160 余架战机，组成 12 个空中梯队。庆祝中华人民共和国成立 70 周年阅兵式是中国特色社会主义进入新时代的首次国庆阅兵，彰显了中华民族从站起来、富起来迈向强起来的雄心壮志。人民军队以改革重塑后的全新面貌接受习主席检阅，接受党和人民检阅，彰显了维护核心、听从指挥的坚定决心，展示了履行新时代使命任务的强大实力。

要求：

1. 标题设置为 44 磅、华文行楷、蓝色；正文内容设置为 24 磅、楷体、黑色、1.5 倍行间距。

2. 为标题和正文设置随机线条动画效果进入。

3. 背景格式采用渐变填充方式。

4. 为演示文稿页脚插入"日期和时间（自动更新）"。

试题五分析

【考查目的】

用 PowerPoint 模板制作演示文稿并对文稿进行"动画效果"设置等。

【要点分析】

本题要点：PowerPoint 的基本操作。

【操作的关键步骤】

（1）熟悉 PowerPoint 的基本操作。

（2）应用"开始"菜单下的"字体"命令设置字体、字号等。

（3）应用"动画"菜单下的"动画"命令进行动画设置。

（4）应用"插入"菜单下的"页脚和页眉"命令插入页脚备注。

参考答案

第15章　2021上半年信息处理技术员上午试题分析与解答

试题（1）
　　信息时代的海量数据促进了大数据的形成和发展，其中大数据应用的核心资源是__(1)__。
　　（1）A．隐私　　　　　B．数据　　　　　C．人　　　　　D．互联网
试题（1）分析
　　本题考查信息与信息技术概念。
　　现在，数据已成为国家和各机构的重要资产，是大数据应用的核心资源。
参考答案
　　（1）B

试题（2）
　　某电商平台根据用户消费记录分析用户消费偏好，预测未来消费倾向，这是__(2)__技术的典型应用。
　　（2）A．物联网　　　　B．区块链　　　　C．云计算　　　　D．大数据
试题（2）分析
　　本题考查信息与信息技术概念。
　　目前大数据技术应用最广泛的领域就是电子商务。
参考答案
　　（2）D

试题（3）
　　"红灯停，绿灯行"，交通信号灯同时被行人和司机接收，这体现了信息的__(3)__。
　　（3）A．价值性　　　　B．共享性　　　　C．安全性　　　　D．普遍性
试题（3）分析
　　本题考查信息与信息技术概念。
　　信息可以被多人共享，这是其重要的特点。
参考答案
　　（3）B

试题（4）
　　信息素养的内涵不包括__(4)__。
　　（4）A．信息意识　　　B．信息能力　　　C．信息道德　　　D．信息文化
试题（4）分析
　　本题考查信息与信息技术概念。
　　信息素养包括信息意识、信息道德和信息处理能力。

参考答案

（4）D

试题（5）

统计图表是统计描述的重要工具，__(5)__ 调查数据不适合用饼图呈现。

(5) A．某班级学生兴趣爱好统计　　　　B．某社区居民年龄结构统计
　　C．某地区各月平均气温统计　　　　D．地球海洋和陆地面积比

试题（5）分析

本题考查初等数学应用的基础知识。

饼图适用于呈现各个部分占总体的比例。

参考答案

（5）C

试题（6）

对 120 人进行一次兴趣调查（选项仅包含喜欢与不喜欢 2 种），喜欢足球运动的与不喜欢足球运动的人数比为 5:3；喜欢篮球运动的与不喜欢篮球运动的人数比为 7:5；两种球类活动都喜欢的有 43 人，则对这两类活动都不喜欢的有 __(6)__ 人。

(6) A．18　　　　B．24　　　　C．26　　　　D．28

试题（6）分析

本题考查初等数学应用的基础知识。

设喜欢足球运动的有 m 人，喜欢篮球运动的有 n 人，则有 120–m 人不喜欢足球运动，有 120–n 人不喜欢篮球运动，$m/(120-m)=5/3$，则 $m=75$。$n/(120-n)=7/5$，则 $n=70$。所以，喜欢足球或篮球的有 75+70–43=102 人，对这两类活动都不喜欢的有 120–102=18 人。

参考答案

（6）A

试题（7）

有四个数：84、76、X、90，它们的平均数是 80，则 X 为 __(7)__ 。

(7) A．71　　　　B．70　　　　C．72　　　　D．73

试题（7）分析

本题考查初等数学应用的基础知识。

(84+76+X+90)/4=80，X=70。

参考答案

（7）B

试题（8）

公园的一条直行道路长 200 米，在路的两旁从头到尾按相等距离种石榴树，共种了 82 棵石榴树，那么每两棵石榴树之间相距 __(8)__ 米。

(8) A．4　　　　B．5　　　　C．6　　　　D．8

试题（8）分析

本题考查初等数学应用的基础知识。

道路一旁种了 41 棵树，其中有 40 个间隔，所以树间相距 200/40=5 米。

参考答案

（8）B

试题（9）

文档和电子邮件属于__(9)__。

（9）A．结构化数据　　B．半结构化数据　C．非结构化数据　D．二进制数据

试题（9）分析

本题考查数据处理的基础知识。

结构化数据具有固定的数据格式，电子邮件正文没有固定格式。

参考答案

（9）C

试题（10）

信息处理系统既是一个技术系统，又是一个__(10)__。

（10）A．网络系统　　　B．操作系统　　　C．社会系统　　　D．知识系统

试题（10）分析

本题考查数据处理的基础知识。

信息处理系统旨在加工处理信息，提取其中的知识。

参考答案

（10）D

试题（11）

网店经营中，信息处理人员的工作职责不包括__(11)__。

（11）A．日常信息的处理　　　　　　　B．网店数据库的管理和日常维护
　　　C．商品的促销、广告方案　　　　D．信息发布前的内容审核

试题（11）分析

本题考查数据处理的基础知识。

网店经营中，商品的促销方案和广告方案是店主研究、策划、选择的事。

参考答案

（11）C

试题（12）

下列关于计算机数据处理的叙述中，不正确的是__(12)__。

（12）A．数据处理的基本目的是从大量数据中抽取并推导出有价值和意义的数据
　　　B．数据处理是对数据进行分析和加工的过程
　　　C．数据处理不能对非数值型数据进行处理
　　　D．数据处理包含数据的采集、存储、检索、加工、变换和传输等要素

试题（12）分析

本题考查数据处理的基础知识。

数据处理需要处理大量的非数值数据（如文字、图表、音频、视频等）。

参考答案

(12) C

试题 (13)

在数据收集的方法中，抽样调查相对于普查的优势之一在于___(13)___。

(13) A．更全面　　　B．更费时　　　C．更费力　　　D．成本较低

试题 (13) 分析

本题考查数据处理的基础知识。

抽样调查只是随机抽取一小部分样本进行调查，成本较低、省时省力。

参考答案

(13) D

试题 (14)

下列关于数据录入的叙述中，不正确的是___(14)___。

(14) A．数据录入是指按照某种计算机软件的格式将经过编码的数据输入计算机的过程
　　　B．数据录入可以通过特定的软件自动实现
　　　C．计算机辅助电话访问（简称 CATI）是一种常见的数据录入软件
　　　D．PowerPoint 是一种常用的数据录入软件

试题 (14) 分析

本题考查数据处理的基础知识。

PowerPoint 是制作报告演示用的软件。

参考答案

(14) D

试题 (15)

下图展示了我国十多年来 GDP 以及数字经济增长的趋势。根据此图，以下叙述不正确的是___(15)___。

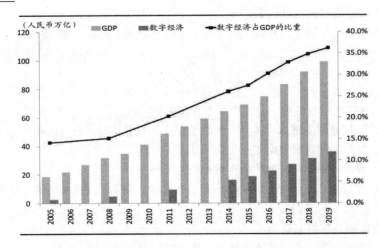

(15) A．十多年来我国的 GDP 和数字经济在持续增长
　　　B．近年来我国数字经济占 GDP 的比重快速增长
　　　C．2019 年我国数字经济占 GDP 的比重达到 12%
　　　D．2017 年我国数字经济占 GDP 的比重超过 30%

试题（15）分析

本题考查数据处理实务的基础知识。

2019 年我国数字经济占 GDP 的比重达到 36%。

参考答案

　　（15）C

试题（16）

下列不属于数据加工方法的是　(16)　。

(16) A．数据采集　　　B．数据抽取　　　C．数据转换　　　D．数据计算

试题（16）分析

本题考查数据处理的基础知识。

数据采集和数据清洗是数据加工之前需要做的工作。

参考答案

　　（16）A

试题（17）

下列属于易失性数据存储介质的是　(17)　。

(17) A．移动硬盘　　　B．光盘　　　C．U 盘　　　D．内存条

试题（17）分析

本题考查计算机基础知识。

内存条（RAM）中存储的信息将在断电后丢失，属于易失性数据存储介质。

参考答案

　　（17）D

试题（18）

用适当的统计分析方法对收集来的大量数据进行分析，提取有用信息和形成结论的过程属于　(18)　。

(18) A．数据采集　　　B．数据存储　　　C．数据分析　　　D．数据展示

试题（18）分析

本题考查信息处理的基础知识。

题干所述是数据分析的基本任务。

参考答案

　　（18）C

试题（19）

下列关于数据可视化的叙述中，正确的是　(19)　。

(19) A．数据可视化为了效果看上去绚丽多彩而显得极端复杂

B．数据可视化不能提供决策支持

C．为了有效地传达思想概念，数据可视化的美学形式与功能需要齐头并进

D．数据可视化往往不易发现其中规律

试题（19）分析

本题考查信息处理的基础知识。

数据可视化以图表形式呈现数据，容易被人理解，易于发现问题和规律，提供决策支持。

参考答案

（19）C

试题（20）

下列关于操作系统更新的叙述中，正确的是　（20）　。

（20）A．系统更新后，可以不再受病毒的攻击

B．系统需要更新可能是因为操作系统存在漏洞

C．计算机不能上网也能自动进行系统更新

D．所有的更新应该及时下载安装，否则系统会很快崩溃

试题（20）分析

本题考查计算机基础知识。

操作系统经常出新的版本，纠正以前的错误，完善功能，更方便使用。

参考答案

（20）B

试题（21）

某公司规定任何员工不允许在办公计算机上下载和使用盗版软件。该公司采取的信息安全风险管理策略是　（21）　。

（21）A．风险承担　　B．风险规避　　C．风险转移　　D．风险补偿

试题（21）分析

本题考查信息安全的基础知识。

预防风险的措施属于风险规避。

参考答案

（21）B

试题（22）

下列关于企业信息安全管理措施的叙述中，不正确的是　（22）　。

（22）A．要建立全体人员的安全防护意识，形成企业内部的信息安全共识和防御信息风险的基本常识

B．将安全事故责任到企业管理层中，与企业工作人员无关

C．选用安全性强的国产软硬件产品，构筑软硬协防的安全体系

D．建立日志的跟踪、记录及查阅制度，及时发现和解决安全漏洞

试题（22）分析

本题考查信息安全的基础知识。

信息安全与企业全体员工、所有的信息设备、数据和软件都密切相关。

参考答案

(22) B

试题（23）

下列关于计算机软件的叙述中，不正确的是 __(23)__ 。

(23) A．软件凝结着专业人员的劳动成果

B．软件像书籍一样，借来复制一下并不损害他人

C．未经软件著作权人的同意复制其软件是侵权行为

D．软件如同硬件一样，也是一种商品

试题（23）分析

本题考查计算机基础知识。

软件有知识产权、机构的商业利益、隐私秘密等，不能随意复制给他人。

参考答案

(23) B

试题（24）

《信息技术 大数据参考架构 第3部分 参考架构》（ISO/IEC 20547-3）属于 __(24)__ 。

(24) A．国际标准　　B．国家强制标准　　C．国家推荐标准　　D．行业标准

试题（24）分析

本题考查有关标准的基础知识。

ISO/IEC 是国际机构，该标准属于国际标准。

参考答案

(24) A

试题（25）

信息系统项目管理总体规划工作不包括 __(25)__ 。

(25) A．按照项目的具体要求进行初步调查、分析、确定系统目标

B．制定实施策略和具体方案

C．进行系统可行性研究

D．进行系统设计与开发

试题（25）分析

本题考查信息处理的基础知识。

信息系统项目初期要做可行性研究和立项，然后做总体规划，接着才能做设计开发。

参考答案

(25) D

试题（26）

某公司开发了一款手机APP，上线使用后收到用户的意见反馈，如字体太小、界面复杂等，这反映了该公司在信息处理过程中 __(26)__ 工作存在问题，需要改进。

(26) A．团队建设　　B．质量控制　　C．企业文化　　D．发展规模

试题（26）分析

本题考查信息处理的基础知识。

用户不满意公司开发的软件说明软件质量达不到要求。

参考答案

（26）B

试题（27）

从功能上来看，计算机由运算器、控制器、__(27)__、输入设备及输出设备组成。

(27) A．键盘和鼠标 B．系统软件
　　　C．应用软件 D．存储器

试题（27）分析

本题考查计算机基础知识。

计算机的五大部件为运算器、控制器、存储器、输入设备及输出设备。

参考答案

（27）D

试题（28）

微型计算机 CPU 的主要性能指标不包括__(28)__。

(28) A．主频 B．字长
　　　C．高速缓冲存储器的容量 D．芯片尺寸

试题（28）分析

本题考查计算机基础知识。

用户不关心芯片尺寸，只关心其主要的性能指标（主频、字长和 Cache 容量）。

参考答案

（28）D

试题（29）

__(29)__ 是目前个人计算机主流硬盘常见的容量。

(29) A．10KB B．10MB C．10GB D．1TB

试题（29）分析

本题考查计算机基础知识。

目前个人计算机主流硬盘常见的容量是 1TB，即 1024GB。

参考答案

（29）D

试题（30）

相对于主存，辅助存储器的特点是__(30)__。

(30) A．存储容量大、成本低、存取速度慢
　　　B．存储容量大、成本高、存取速度慢
　　　C．存储容量小、成本低、存取速度快
　　　D．存储容量小、成本高、存取速度快

试题（30）分析

本题考查计算机基础知识。

辅助存储器比主存容量大，单位存储量的价格低，存取速度慢。

参考答案

（30）A

试题（31）

___(31)___ 不属于U盘的特点。

(31) A．携带方便　　　　　　B．不需要外接电源，由USB接口供电
　　　C．即插即用　　　　　　D．兼容性差

试题（31）分析

本题考查计算机基础知识。

U盘兼容性强。USB接口有不同版本，U盘基本上都能使用。

参考答案

（31）D

试题（32）

___(32)___ 属于输入设备。

(32) A．显示器　　　B．鼠标　　　C．内存　　　D．硬盘

试题（32）分析

本题考查计算机基础知识。

只有鼠标是输入设备，显示器是输出设备，内存和硬盘是存储设备。

参考答案

（32）B

试题（33）

___(33)___ 接口不常用于微型计算机上显示器与主机的连接。

(33) A．HDMI　　　B．RJ45　　　C．VGA　　　D．DVI

试题（33）分析

本题考查计算机基础知识。

RJ45接口通常用于计算机网络数据传输线的连接。

参考答案

（33）B

试题（34）

下列不属于微型计算机总线系统构成的是___(34)___。

(34) A．地址总线　　B．数据总线　　C．控制总线　　D．命令总线

试题（34）分析

本题考查计算机基础知识。

微机总线包括数据总线、地址总线和控制总线。

参考答案

（34）D

试题（35）

以下关于主板的叙述中，不正确的是__（35）__。

（35）A．主板性能的高低将影响整个系统的速度、稳定性和兼容性

　　　B．已安装在主板上的 CPU 不能进行更换

　　　C．不同型号的主板需要与之相应的 CPU 搭配

　　　D．一体化的主板将声卡、显卡、网卡等功能集成在主板上

试题（35）分析

本题考查计算机基础知识。

主板上的 CPU 损坏时可以更换新的，也可以换成兼容的其他 CPU。

参考答案

（35）B

试题（36）

下列关于操作系统的叙述中，正确的是__（36）__。

（36）A．操作系统是用户和计算机之间的接口

　　　B．操作系统不是系统软件

　　　C．操作系统都不具有开放性

　　　D．操作系统不具有并发性

试题（36）分析

本题考查计算机基础知识。

操作系统是系统软件，是用户与计算机之间的接口，具有开放性（可以运行大量的应用软件）和并发性（在一段时间内，运行多个程序，执行多个任务）。

参考答案

（36）A

试题（37）

__（37）__属于应用软件。

（37）A．Windows 7　　　　　　　　B．编程语言处理程序

　　　C．微信　　　　　　　　　　　D．系统服务类程序

试题（37）分析

本题考查计算机基础知识。

微信属于应用软件，其他三项属于系统软件。

参考答案

（37）C

试题（38）

软件生命周期的最后一个阶段是__（38）__。

（38）A．需求阶段　　　B．运维阶段　　　C．设计阶段　　　D．测试阶段

试题（38）分析

本题考查计算机基础知识。

软件生命周期的最后一个阶段是运行维护阶段。

参考答案

（38）B

试题（39）

以下文件格式中，___（39）___是视频文件。

（39）A．AVI   B．JPG   C．MP3   D．BMP

试题（39）分析

本题考查计算机基础知识。

AVI 是视频文件，MP3 是音频文件，JPG 与 BMP 是图像文件。

参考答案

（39）A

试题（40）

___（40）___是一款图形设计软件，被广泛应用于商标设计、标志制作等方面。

（40）A．CorelDraw   B．Word   C．Delphi   D．InfoPath

试题（40）分析

本题考查计算机基础知识。

CorelDraw 是矢量图形制作工具软件；Word 是文字处理软件；Delphi 是快速应用程序开发工具；InfoPath 是表单创建和数据收集工具。

参考答案

（40）A

试题（41）

___（41）___不是国产操作系统。

（41）A．Windows   B．红旗 Linux   C．华为鸿蒙   D．中标麒麟

试题（41）分析

本题考查计算机基础知识。

Windows 是美国微软公司开发的操作系统。

参考答案

（41）A

试题（42）

Windows 7 中，同时打开多个窗口时，___（42）___。

（42）A．可以对这些窗口进行平铺排列

　　　B．凡打开的窗口都在前台运行

　　　C．凡打开的窗口都是活动窗口

　　　D．部分内容被覆盖的窗口就会停止运行相应的程序

试题（42）分析

本题考查计算机基础知识。

Windows 同时打开多个窗口时，可以对这些窗口进行平铺等多种排列，但只有一个是活动窗口，其他窗口内的应用程序都在后台运行。

参考答案

（42）A

试题（43）

在 Windows 7 中，通过"开始"→"控制面板"中的__(43)__可以查看系统中已按照标准方式安装的所有程序。

（43）A．程序和功能　　　　　　B．添加或删除程序
　　　C．系统　　　　　　　　　D．管理工具

试题（43）分析

本题考查计算机基础知识。

在"控制面板"中选择"程序和功能"，可以查看系统中已按标准方式安装的所有程序。

参考答案

（43）A

试题（44）

Windows 的文件目录结构属于__(44)__。

（44）A．层次结构　　B．网状结构　　C．总线结构　　D．星形结构

试题（44）分析

本题考查计算机基础知识。

Windows 的文件目录结构属于层次结构，从根目录往下各层文件夹，直到最底层的文件，每个文件和文件夹有唯一的上层。

参考答案

（44）A

试题（45）

将__(45)__文件通过压缩软件压缩成 1 个文件的过程叫"文件压缩"。

（45）A．1 个　　　　B．2 个　　　　C．3 个　　　　D．1 个或多个

试题（45）分析

本题考查计算机基础知识。

可以对一个或多个文件进行压缩，形成一个压缩文件。

参考答案

（45）D

试题（46）

Windows 的文件名中允许有字符__(46)__。

（46）A．下画线"_"　　B．星号"*"　　C．英文问号"?"　　D．英文冒号"："

试题（46）分析

本题考查计算机基础知识。

由于文件全路径中有冒号，文件搜索中可以有星号和英文问号，因此文件名中不能出现这些符号，以免误解。

参考答案

（46）A

试题（47）

在 WPS 演示 2016 中，新建的演示文稿默认的视图方式是___(47)___。

（47）A．放映视图　　　　　　　B．幻灯片浏览视图
　　　C．阅读视图　　　　　　　D．普通视图

试题（47）分析

本题考查办公软件基础知识。

普通视图是默认的视图方式。

参考答案

（47）D

试题（48）

在 PowerPoint 2010 中，打开一个已有演示文稿文件，修改内容后单击"保存"，则___(48)___。

（48）A．文件类型被改变　　　　　B．文件名被改变
　　　C．文件保存位置被改变　　　D．文件名、文件类型均不改变

试题（48）分析

本题考查办公软件基础知识。

修改文件后再保存，意味着文件名、文件类型都保持不变。

参考答案

（48）D

试题（49）

在数据库中能够唯一标识一个元组的属性或属性组合称为___(49)___。

（49）A．记录　　　B．关系　　　C．关键字　　　D．字段

试题（49）分析

本题考查办公软件基础知识。

关键字的取值能唯一确定二维表中的一行（一个实体记录）。

参考答案

（49）C

试题（50）

计算机网络中，广域网和局域网的分类是以___(50)___来划分的。

（50）A．传输控制方法　　　　　　B．网络连接距离
　　　C．信息交换方式　　　　　　D．网络使用者

试题（50）分析

本题考查计算机网络基础知识。

广域网和局域网的分类是以网络连接距离来划分的。例如，一个校园内、一个楼内建立的是局域网；分布于多个不同城市的大型企业网就是广域网。

参考答案

（50）B

试题（51）

Internet 创建的最初目的是用于__（51）__。

（51）A．军事　　　　　B．政治　　　　　C．经济　　　　　D．教育

试题（51）分析

本题考查计算机网络基础知识。

许多新的技术最初用于军事，以后逐渐转向民用。

参考答案

（51）A

试题（52）

__（52）__ 不是移动互联的应用。

（52）A．手机网络游戏　　　　　　　B．手机扫码支付
　　　C．手机拨打电话　　　　　　　D．手机扫描健康码

试题（52）分析

本题考查计算机网络基础知识。

手机拨打电话的过程是手机通过基站进行语音通信，与互联网无关。

参考答案

（52）C

试题（53）

下列关于云计算特征的叙述中，不正确的是__（53）__。

（53）A．资源不能根据需要进行动态扩展和配置
　　　B．硬件和软件都是资源，通过互联网以服务的方式提供给用户
　　　C．服务计量化
　　　D．资源在物理上以分布式的共享方式存在

试题（53）分析

本题考查信息和信息技术概念。

云计算能根据需要动态扩展和配置资源。

参考答案

（53）A

试题（54）

在 WPS 2016 中，双击标题栏，将__（54）__。

(54) A. 关闭窗口　　　　　　　　　B. 向下还原/最大化窗口
　　　C. 最小化窗口　　　　　　　　D. 隐藏功能区

试题（54）分析

本题考查办公软件基础知识。

双击窗口标题栏将切换窗口的还原/最大化状态。

参考答案

(54) B

试题（55）

在 Word 2010 中，便于阅读和批注文档的视图是　(55)　。

(55) A. 页面视图　　　　　　　　　B. 阅读版式视图
　　　C. Web 版式视图　　　　　　　D. 大纲视图

试题（55）分析

本题考查办公软件基础知识。

在阅读版式下，可以阅读并显示/隐藏批注。

参考答案

(55) B

试题（56）

在 Word 2010 中，下列关于打印预览的叙述中，不正确的是　(56)　。

(56) A. 打印预览是文档视图显示方式之一
　　　B. 预览的效果与打印出的文档效果相匹配
　　　C. 无法对关闭打印预览后的文档进行编辑
　　　D. 在打印预览方式中，可同时查看文档的多页

试题（56）分析

本题考查办公软件基础知识。

关闭打印预览后就回到正常的编辑状态。

参考答案

(56) C

试题（57）

在 Word 2010 中，将文档中的"电脑"全部更改为"计算机"，可以利用　(57)　功能实现。

(57) A. 搜索　　　B. 替换　　　C. 插入　　　D. 首字下沉

试题（57）分析

本题考查办公软件基础知识。

替换功能可以将搜索到的原字符串更换成新字符串，可以更换最近一处，也可以全部更换。

参考答案

(57) B

试题（58）

职员小强在利用 WPS 文字 2016 编辑文件时突然发现，该段的第一行特别重要，需要添加标注，添加标注前可 __(58)__ 快速选中该行。

(58) A．将鼠标光标移动至该行的左侧，当光标变为"⁒"时，单击鼠标左键
　　 B．将鼠标光标移动至该行的左侧，当光标变为"⁒"时，双击鼠标左键
　　 C．将鼠标光标移动至该行的左侧，当光标变为"↗"时，单击鼠标左键
　　 D．将鼠标光标移动至该行的左侧，当光标变为"↗"时，双击鼠标左键

试题（58）分析

本题考查办公软件基础知识。

在文档指定位置需要添加批注时，先用鼠标定位指定位置，再单击"插入→批注"命令，并在批注栏中输入批注。

参考答案

(58) A

试题（59）

在 Word 2010 中，文字格式的设置不可以通过 __(59)__ 的方式实现。

(59) A．"格式刷"按钮　　　　　　B．"字体"对话框
　　 C．"字体"工具栏　　　　　　D．"段落"对话框

试题（59）分析

本题考查办公软件基础知识。

"段落"对话框主要用于段落格式的设置，如段前、段后的行距等，并非设置文字格式。

参考答案

(59) D

试题（60）

在 WPS 2016 中，可以通过 __(60)__ 为选中的文字设置渐变色。

(60) A．"字体"→"字符间距"　　　B．"字体"→"效果"
　　 C．"字体"→"文本效果"　　　D．"字体"→"字形"

试题（60）分析

本题考查办公软件基础知识。

可以在"字体"对话框中的"文本效果"栏中选择所需的特殊效果。

参考答案

(60) C

试题（61）

在 Word 2010 的编辑状态下，若当前编辑文档中的文字全是宋体，选中某段文字并设为楷体后，则 __(61)__ 。

(61) A．文档中所有的文字都变为楷体　　B．被选中的文字都变为楷体
　　 C．被选中的文字仍为宋体　　　　　D．没被选中的文字都变为楷体

试题（61）分析

本题考查办公软件基础知识。

选中文字块后，选择"字体→楷体"后，选中的文字就都成为楷体。

参考答案

（61）B

试题（62）

在 WPS 2016 中，文档输入"△"，下列方法正确的是__（62）__。

（62）A．"插入"→"符号"　　　　　　B．"插入"→"艺术字"

　　　C．"页面布局"→"符号"　　　　D．"页面布局"→"艺术字"

试题（62）分析

本题考查办公软件基础知识。

在文档中，选择"插入"→"符号"，在符号框中选择符号"△"并单击"插入"按钮后，就会在光标所在位置插入"△"。

参考答案

（62）A

试题（63）

在 Word 2010 中，如果要将选定行的文本内容置于本行正中间，需单击工具栏上的__（63）__命令。

（63）A．两端对齐　　　B．居中　　　C．左对齐　　　D．右对齐

试题（63）分析

本题考查办公软件基础知识。

居中的含义就是将选定文本、表格或图放在行向正中间。

参考答案

（63）B

试题（64）

在 Word 2010 中，下列关于项目符号的叙述中，不正确的是__（64）__。

（64）A．可以通过项目符号库添加项目符号

　　　B．可以通过定义新项目符号增加项目符号新字符

　　　C．对已经添加的项目符号可以更改

　　　D．图片不能作为项目符号进行添加

试题（64）分析

本题考查办公软件基础知识。

可以自定义项目符号，包括图片。

参考答案

（64）D

试题（65）

Excel 单元格中的公式经过计算后显示结果为"########"，这表示__（65）__。

(65) A．单元格宽度不够　　B．数据格式错　　C．计算公式错　　D．数据溢出

试题（65）分析

本题考查办公软件基础知识。

如果单元格中的公式经过计算后的结果超过了单元格的宽度，则显示为"########"。

参考答案

（65）A

试题（66）

　　(66)　是 Excel 工作簿的最小组成单位。

(66) A．字符　　　　B．工作表　　　　C．单元格　　　　D．窗口

试题（66）分析

本题考查办公软件基础知识。

Excel 表中的最小单位是单元格。

参考答案

（66）C

试题（67）

在 Excel 中，若要计算出 B3:E6 区域内的数据的最大值并保存在 B7 单元格中，应在 B7 单元格中输入　(67)　。

(67) A．=MIN(B3:E6)　　　　　　B．=MAX(B3:E6)
　　　C．=COUNT(B3:E6)　　　　D．=SUM(B3:E6)

试题（67）分析

本题考查办公软件基础知识。

MAX(B3:E6)表示矩形区域 B3:E6 内数据的最大值。

参考答案

（67）B

试题（68）

有如下 Excel 工作表，要统计销售员"夏文斌"的销售总额，应输入　(68)　。

	A	B	C	D
1	订单日期	商品类别	销售员	订单金额
2	2021年4月20日	冰箱	夏文斌	4899
3	2021年4月20日	电视机	宋高韵	5688
4	2021年4月20日	电视机	夏文斌	2688
5	2021年4月21日	冰箱	宋高韵	4899
6	2021年4月21日	电视机	宋高韵	3688

(68) A．=SUMIF(C2:C6,C2,D2:D6)　　　　B．=SUMPRODUCT(C2:C6,C2,D2:D6)
　　　C．=SUMIF(D2:D6,C2,C2:C6)　　　　D．=SUMPRODUCT(D2:D6,C2,C2:C6)

试题（68）分析

本题考查办公软件基础知识。

SUMIF(C2:C6,C2,D2:D6)函数的功能是在区域 C2:C6 中,凡是符合 C2 条件的,将区域 D2:D6 中相应的数求和。也就是说,在上表的销售员栏中,寻找等于"夏文斌"者,将订单金额栏中相应的数据求和。

参考答案

(68) A

试题(69)

在 Excel 中,若在 A1 单元格中输入"=POWER(2,4)",按回车键后,A1 单元格中的值为__(69)__。

(69) A. 2　　　　B. 6　　　　C. 8　　　　D. 16

试题(69)分析

本题考查办公软件基础知识。

POWER(2,4)表示 2 的 4 次方,结果为 16。

参考答案

(69) D

试题(70)

在 Excel 中,若 A1 单元格中的值为 55,B1 单元格中的值为 65,若在 A2 单元格中输入函数"=IF(AND(A1>=60,B1>=60),"合格","不合格")",按回车键后,A2 单元格中的值为__(70)__。

(70) A. 50　　　　B. 60　　　　C. 合格　　　　D. 不合格

试题(70)分析

本题考查办公软件基础知识。

函数 IF(AND(A1>=60,B1>=60),"合格","不合格")" 表示先判断 A1>=60 和 B1>=60 是否成立,再进行逻辑乘。如果结果为真,就取值"合格";如果结果为假,则取值"不合格"。由于 A1>=60 为假,B1>=60 为真,逻辑乘的结果为假,所以该函数取值"不合格"。

参考答案

(70) D

试题(71)

有如下 Excel 工作表,若在单元格 A7 中输入函数"=COUNT(A2:A6)",按回车键后,A7 单元格中的值为__(71)__。

	A	B
1	数值	说明
2	FALSE	逻辑值
3		空白
4	2021年5月22日	日期
5	85.2	数字
6	001	文本型数字

(71) A. 1　　　　B. 2　　　　C. 4　　　　D. 5

试题(71)分析

本题考查办公软件基础知识。

函数 COUNT(A2:A6)表示区域 A2:A6 中数值型数据的个数。由于 A2:A6 中，只有 A5=85.2 和 A6=001 是数值型数据，所以该函数取值 2。

参考答案

（71）B

试题（72）

企业一般都将数据制作成一张张电子报表。与文字叙述相比，电子报表的优点很多，但不包括 __（72）__ 。

（72）A．表达紧凑、易读 　　　　　B．易于进一步加工处理
　　　　C．便于保存、备查 　　　　　D．直观展示变化的趋势

试题（72）分析

本题考查办公软件基础知识。

如果电子报表中只有数据没有图表，就不能直观展示变化的趋势。

参考答案

（72）D

试题（73）

撰写数据分析报告的原则不包括 __（73）__ 。

（73）A．报告中采用的专业术语需要统一
　　　　B．报告中要突出采用的创新分析技术
　　　　C．报告应以谨慎小心的态度进行撰写
　　　　D．分析产生的各结论应按重要性排序

试题（73）分析

本题考查数据处理实务基础知识。

数据分析报告需要结合业务说明数据分析及其结论以及有关的建议。关键不是分析方法的创新性。

参考答案

（73）B

试题（74）

数据分析时常用的 __（74）__ 方法是为了达到一个目标，采取了两套方案，通过实验观察两组方案的数据结果，判断两组方案的好坏。这种方法需要选择合理的分组样本、监测数据指标、评估不同方案和事后数据分析。

（74）A．A/B 测试 　　　　　B．趋势分析
　　　　C．交叉分析 　　　　　D．多维分解

试题（74）分析

本题考查数据处理实务基础知识。

题干内容是 A/B 测试方法的描述。

参考答案

（74）A

试题（75）

在企业的分层存储系统中，访问频率不高的温数据（如几天前的电子邮件、已完成的事务处理数据等），应存储在__(75)__中。

(75) A．最高层存储　　　　　　B．较高层存储
　　　C．较低层存储　　　　　　D．最底层存储

试题（75）分析

本题考查数据处理实务基础知识。

在企业的分层存储系统中，访问频率不高的温数据，应存储在较低层、容量较大、单位价格较低的存储设备中。

参考答案

(75) C

第16章　2021上半年信息处理技术员上机考试试题分析与解答

试题一（共 15 分）

利用系统提供的素材，按题目要求完成后，用 Word 的保存功能直接存盘。

国产化软件

软件产业作为国家的基础性、战略性产业，在促进国民经济和社会发展、转变经济增长方式、提高经济运行效率、推进信息化与工业化融合等方面具有重要的地位和作用，是国家重点支持和鼓励的行业。

随着国民经济的持续高速增长，中国软件行业保持快速健康发展态势，"十一五"期间，软件行业收入年均增速达 31%。2016 年，在整体经济增长放缓的条件下，软件行业依然保持快速增长态势。2016 年，中国软件行业共实现业务收入 4.9 万亿，同比增长 14.9%。

要求：

1. 在给定的文档末尾处另起一段，录入以下文字：

在国家高度重视和大力扶持下，软件行业相关产业促进政策不断细化，资金扶持力度不断加大，知识产权保护措施逐步加强，软件行业在国民经济中的战略地位不断提升，行业规模不断扩大。

2. 将标题"国产化软件"设置为黑体、加粗、二号字、居中；正文设置为左、右各缩进 2 字符、首行缩进 2 字符；

3. 将页面纸张方向设置为横向，纸张大小设置为 A5 纸张；

4. 正文段落边框设置为"阴影"；段落底纹设置为"橙色，强调文字颜色 6，淡色 60%"；

5. 为文档添加页眉/页脚，页眉内容为"国产软件发展势头"，宋体、小五号、居中显示，页脚左侧插入系统当前日期；

6. 为文档添加文字水印，内容为"国产软件"，并设置为楷体、红色、半透明、斜式。

试题一分析

【考查目的】

- 文字录入及编排。
- 开始菜单的使用。
- 页面布局菜单的使用。

【要点分析】

本题要点：文档字体设置、页面设置、页眉/页脚设置。

【操作的关键步骤】

（1）文档格式。选定文档对象，通过"开始"菜单下的"字体"命令进行设置。

（2）页面设置。通过"页面布局"菜单下的"页面设置"命令进行设置。

(3) 页眉/页脚设置。通过"插入"菜单下的"页眉和页脚"命令进行设置。

参考答案

国产软件发展势头

国产化软件

软件产业作为国家的基础性、战略性产业，在促进国民经济和社会发展、转变经济增长方式、提高经济运行效率、推进信息化与工业化融合等方面具有重要的地位和作用，是国家重点支持和鼓励的行业。

随着国民经济的持续高速增长，中国软件行业保持快速健康发展态势，"十一五"期间，软件行业收入年均增速达 31%。2016 年，在整体经济增长放缓的条件下，软件行业依然保持快速增长态势。2016 年，中国软件行业共实现业务收入 4.9 万亿，同比增长 14.9%。

在国家高度重视和大力支持下，软件行业相关产业促进政策不断细化，资金扶持力度不断加大，知识产权保护措施逐步加强，软件行业在国民经济中的战略地位不断提升，行业规模不断扩大。

2021-05-30

试题二（共 15 分）

用 Word 软件制作如图示的项目实施计划。按题目要求完成后，用 Word 的保存功能直接存盘。

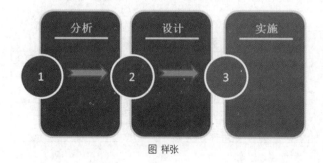

图 样张

要求：

1. 利用 Word 插入形状，绘制如图样张所示的项目实施计划；

2. 将标题设置为宋体、小二、加粗、居中；其他文字设置为宋体、五号、黄色、居中；
3. 绘制的图形和图样张基本一致。

试题二分析

【考查目的】
- 文字设置和编排。
- 绘制图形。

【要点分析】
本题要点：绘制图形、字体设置、录入文字并进行编排。

【操作的关键步骤】
（1）文字编排。使用"开始"菜单下的"字体"命令进行字号、字体的设置。
（2）"插入"菜单的使用。使用"插入"菜单下的"形状"命令绘制图形。

参考答案

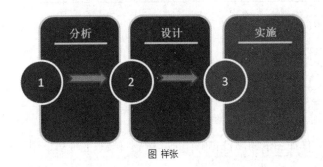

图 样张

试题三（共 15 分）

在 Excel 的 Sheet1 工作表的 A1:F8 和 A10:B14 单元格中，创建如下图所示"计算机基础成绩统计表"。按题目要求完成后，用 Excel 的保存功能直接存盘。

	A	B	C	D	E	F
1	计算机基础成绩统计表					
2	学号	姓名	平时成绩	笔试成绩	上机成绩	总评成绩
3	202305001	刘丽华	85	80	76	
4	202305002	石立锋	75	85	83	
5	202305005	张丽丽	50	60	42	
6	202305007	王晓伟	60	75	65	
7	202305010	李梅	90	85	84	
8	202305011	魏天林	95	90	91	
9						
10	成绩分析					
11	最高分					
12	最低分					
13	平均分					
14	总人数					

要求：

1. 表格要有可视的边框，并将表格的标题设置为宋体、16 磅、加粗、居中；其他内容设置为宋体、12 磅、居中；

2. 用公式计算总评成绩，总评成绩四舍五入保留整数，计算方法为"总评成绩=平时成绩×20%+笔试成绩×40%+上机成绩×40%"；

3. 用 MAX 和 MIN 函数计算总评成绩的"最高分"和"最低分"，并将计算结果填入对应单元格内；

4. 用 AVERAGE 函数计算总评成绩的"平均分"，用 COUNT 函数计算"总人数"，并将计算结果分别填入对应的单元格内；

5. 利用条件格式把总评成绩大于等于 90 分的分数设置为蓝色文本，总评成绩小于 60 分的分数设置为红色文本。

试题三分析
【考查目的】
- 用 Excel 创建工作表。
- 单元格格式设置。
- 函数计算。

【要点分析】
　　本题要点：文字的编排（包括字体、字号等）、单元格格式设置、函数公式计算。

【操作的关键步骤】
　　（1）文字的编排。使用"开始"菜单下的"字体"命令进行设置。
　　（2）函数公式计算。总评成绩计算公式为："=C3*20%+D3*40%+E3*40%"； 最高分计算函数为："=MAX(F3:F8)"；最低分计算函数为："=MIN(F3:F8)"；平均分计算函数为："=AVERAGE (F3:F8)"；总人数计算函数为："=COUNT (F3:F8)"。
　　（3）利用"开始"菜单下的"条件格式"命令设置文本颜色。

参考答案

	A	B	C	D	E	F
1			计算机基础成绩统计表			
2	学号	姓名	平时成绩	笔试成绩	上机成绩	总评成绩
3	202305001	刘丽华	85	80	76	79
4	202305002	石立锋	75	85	83	82
5	202305005	张丽丽	50	60	42	51
6	202305007	王晓伟	60	75	65	68
7	2023050010	李梅	90	85	84	86
8	202305011	魏天林	95	90	91	91
9						
10	成绩分析					
11	最高分	91				
12	最低分	51				
13	平均分	76				
14	总人数	6				

试题四（共 15 分）

在 Excel 的 Sheet1 工作表的 A1:F10 单元格中，按题目要求完成后，用 Excel 的保存功能直接存盘。

	A	B	C	D	E	F
1			某公司绩效工资表			
2	姓名	职位	基本工资（元）	加班时间（小时）	加班工资（元）	实发工资（元）
3	黎明	员工	2196	15		
4	马小明	员工	3450	19		
5	刘艳丽	主管	3960	28		
6	赵静	员工	2248	6		
7	吴晓荣	员工	2310	14		
8	李菲	员工	2145	13		
9	加班时间最长的员工姓名					
10	实发工资大于4000的员工人数					

要求：

1. 表格要有可视的边框，并将表格的标题设置为宋体、16 磅、加粗、居中；其他内容设置为宋体、12 磅、居中；

2. 用 IF 函数计算加班工资，若加班时间小于 10 小时，则"加班工资=基本工资×20%"；若加班时间大于等于 10 小时且小于 15 小时，则"加班工资=基本工资×30%"；若加班时间大于等于 15，则"加班工资=基本工资×40%"，并将计算结果填入对应单元格内；

3. 用 SUM 函数计算实发工资，实发工资等于基本工资与加班工资之和，并将计算结果填入对应单元格内；

4. 用 MAX、MATCH、INDEX 函数计算"加班时间最长的员工姓名"，并将计算结果填入对应单元格内；

5. 用 COUNTIF 函数计算"实发工资大于 4000 的员工人数"，并将计算结果填入对应单元格内。

试题四分析

【考查目的】

- 用 Excel 创建工作表。
- 单元格格式设置。
- 函数计算。

【要点分析】

本题要点：文字的编排（包括字体、字号等）、单元格格式设置、函数计算。

【操作的关键步骤】

（1）文字的编排。使用"开始"菜单下的"字体"命令进行设置。

（2）函数计算。

加班工资计算函数为："=C3*IF(D3>=15,"40%",(IF(D3>=10,"30%","20%")))"；

实发工资计算函数为："=SUM(C3,E3)"；

加班时间最长的员工姓名计算函数为："=INDEX(A3:A8,MATCH(MAX(D3:D8),D3:D8))"；

实发工资大于 4000 的员工人数计算函数为："=COUNTIF(F3:F8,">4000")"。

参考答案

	A	B	C	D	E	F
1				某公司绩效工资表		
2	姓名	职位	基本工资（元）	加班时间（小时）	加班工资（元）	实发工资（元）
3	黎明	员工	2196	15	878.4	3074.4
4	马小明	员工	3450	19	1380	4830.0
5	刘艳丽	主管	3960	28	1584	5544.0
6	赵静	员工	2248	6	449.6	2697.6
7	吴晓荣	员工	2310	14	693	3003.0
8	李菲	员工	2145	13	643.5	2788.5
9	加班时间最长的员工姓名				刘艳丽	
10	实发工资大于4000的员工人数				2	

试题五（共 15 分）

利用系统提供的资料，用 PowerPoint 创意制作演示文稿。按照题目要求完成后，用 PowerPoint 的保存功能直接存盘。

资料一：

主标题："十四五"规划内容解读（一）

副标题：2021 年—2025 年发展规划

资料二：

标题：全面建成小康社会，开启全面建设社会主义现代化国家新征程

正文：

"十三五"规划目标任务即将完成，全面建成小康社会胜利在望，中华民族伟大复兴向前迈出了新的一大步，社会主义中国以更加雄伟的身姿屹立于世界东方。全党全国各族人民要再接再厉、一鼓作气，确保如期打赢脱贫攻坚战，确保如期全面建成小康社会、实现第一个百年奋斗目标，为开启全面建设社会主义现代化国家新征程奠定坚实基础。

要求：

1. 第一张幻灯片版式为"标题幻灯片"，第二张幻灯片版式为"标题和内容"；

2. 第一张幻灯片文本内容为"资料一"，主标题为黑体、48 磅、黄色，副标题为黑体、32 磅、黄色；第二张幻灯片文本内容为"资料二"，标题为楷体、36 磅、黑色、居中，正文为楷体、28 磅、黄色；

3. 两张幻灯片均为红色背景；第二张幻灯片标题填充为黄色，正文设置为白色边框；

4. 第一张幻灯片切换效果为"形状"，第二张幻灯片标题动画效果为"劈裂"；

5. 第二页幻灯片右下角插入可自动更新的日期并设为黄色。

试题五分析

【考查目的】

用 PowerPoint 模板制作演示文稿并对文稿进行"动画效果"设置等。

【要点分析】

本题要点：PowerPoint 的基本操作。

【操作的关键步骤】

（1）熟悉 PowerPoint 的基本操作。

（2）应用"开始"菜单下的"字体"命令设置字体、字号等。

（3）应用"动画"菜单下的"动画"命令进行动画设置。

（4）应用"设计"菜单下的"背景样式"命令进行背景颜色设置。

参考答案

图1 幻灯片1

图2 幻灯片2

第 17 章　2021 下半年信息处理技术员上午试题分析与解答

试题（1）

　　__(1)__ 是事实或观察的结果，是对客观事物的逻辑归纳，用于表示客观事物的未经加工的原始素材。

　　(1) A．数据　　　　　B．信息　　　　　C．知识　　　　　D．技术

试题（1）分析

　　本题考查信息与信息技术概念。

　　数据是直接反映客观事实的，信息是从数据中抽取出来的，知识是从信息中归纳总结出来的。

参考答案

　　(1) A

试题（2）

　　教师课堂讲授的知识可以同时被多个同学接受，说明信息具有 __(2)__ 。

　　(2) A．再生性　　　　B．可预测性　　　　C．可存储性　　　　D．可共享性

试题（2）分析

　　本题考查信息与信息技术概念。

　　信息可以被多人共享，越用越有价值。

参考答案

　　(2) D

试题（3）

　　__(3)__ 代表了一种信息技术被高度应用，信息资源被高度共享，从而使得人的智能潜力以及社会物质资源潜力被充分发挥，个人行为、组织决策和社会运行趋于合理化的理想状态。

　　(3) A．信息化　　　　B．现代化　　　　C．标准化　　　　D．自动化

试题（3）分析

　　本题考查信息与信息技术概念。

　　信息化是一个广泛应用信息技术的过程。

参考答案

　　(3) A

试题（4）

　　2021 年初，我国教育部发布了《高等学校数字校园建设规范（试行）》的通知，给出了高等学校师生员工应当具备的信息意识内容，__(4)__ 不属于信息意识。

(4) A. 了解信息安全和信息产权的基础知识
　　B. 对信息真伪性、实用性、及时性辨别的意识
　　C. 利用信息技术解决自身学习生活中出现的问题的意识
　　D. 发现并挖掘信息技术及信息在教学、学习、工作和生活中的作用与价值的意识

试题（4）分析

本题考查信息与信息技术概念。

信息意识是对信息重要性、作用的认识，包括信息敏感力、观察力和分析判断能力及对信息的创新能力，高于一般的基础知识。

参考答案

（4）A

试题（5）

　　__(5)__ 是表示一组数据集中趋势的量数，即一组数据中所有数据之和再除以这组数据的个数。

（5）A. 平均数　　　B. 中位数　　　C. 众数　　　D. 平方差

试题（5）分析

本题考查初等数学（统计）的基础知识。

一组数据中所有数据之和再除以这组数据的个数是这组数据的平均数。

参考答案

（5）A

试题（6）

　　在一组数（1,2,2,2,2,3,5,5,9）中，众数是 __(6)__ 。

（6）A. 1　　　B. 2　　　C. 4　　　D. 5

试题（6）分析

本题考查初等数学（统计）的基础知识。

众数是出现次数最多的数。

参考答案

（6）B

试题（7）

　　某工厂共10人参加技能考核，平均成绩80分，其中男工平均成绩85分，女工平均成绩75分。该工厂参加技能考核的女工有 __(7)__ 人。

（7）A. 5　　　B. 6　　　C. 7　　　D. 8

试题（7）分析

本题考查初等数学的基础知识。

设该厂有 n 个女工参加了技能考核，因此，参加考核的男工有 $10-n$ 人，男工的总成绩为 $85(10-n)$ 分，女工的总成绩为 $75n$ 分，全部10人的总成绩为 $10\times80=800$ 分，因此：$75n+85(10-n)=800$，解得 $n=5$。

参考答案

（7）A

试题（8）

某商场购进了一批洗衣机，加价25%销售了60%后，在此基础上再打8折售完，则这批洗衣机的销售利润率约为___(8)___。

（8）A．10%　　　　B．15%　　　　C．17.5%　　　　D．20%

试题（8）分析

本题考查初等数学的基础知识。

设该商场以每台 p 元购进了 n 台洗衣机，总花费为 np 元。先以(1+25%)p 的价格销售了60%n 台，获得了 $1.25p \times 0.6n = 0.75np$ 元。后来又以 $1.25 \times 0.8p$ 价格销售了剩余的(1–60%)n 台，获得了 $1.25 \times 0.8p \times 0.4n = 0.4np$ 元。因此总收入为 $0.75np + 0.4np = (1+15\%)np$ 元，这与成本 np 元相比，利润率为15%。

参考答案

（8）B

试题（9）

某企业外聘了甲、乙、丙三人种树，每天每人定额工作量相同，按定额任务每天支付给每人 90 元报酬。一天，甲临时有事，请假未上工。当天，乙种了 5 棵树，丙种了 4 棵树，完成了当天应该三人完成的总定额。若将该天甲本应获得的 90 元报酬，按多劳多得原则分配给乙和丙，则乙和丙应各自分得___(9)___。

（9）A．30和60　　　B．40和50　　　C．50和40　　　D．60和30

试题（9）分析

本题考查初等数学的基础知识。

三人每天的总定额任务是种 5+4=9 棵树，每人每天应种 3 棵树，获得90 元报酬。即种每棵树能获得 30 元。乙实际种了 5 棵树，应获得 150 元，丙实际种了 4 棵树，应获得 120 元。企业发给乙和丙各 90 元，所以企业发给甲的90 元应将 60 元分给乙，30 元分给丙。

参考答案

（9）D

试题（10）

常用的数据收集方法中，一般不包括___(10)___。

（10）A．数学模型计算　　　　B．查阅文献
　　　　C．问卷调查　　　　　　D．设备自动采集

试题（10）分析

本题考查信息处理基础知识。

数学模型计算只在特殊的大型项目中采用。

参考答案

（10）A

试题（11）

及时、准确、适用和 __(11)__ 是现代企业信息处理的基本要求。

(11) A．免费　　　　B．安全　　　　C．广泛　　　　D．标准

试题（11）分析

本题考查信息处理基础知识。

安全非常重要，也属于信息处理的基本要求。信息泄露和被篡改的危害性很大。

参考答案

(11) B

试题（12）

在某个确定的时刻，旧系统停止运行，由新系统接替其全部工作并开始独立运行，这种切换方式称为 __(12)__ 。

(12) A．逐步切换　　B．并行切换　　C．直接切换　　D．试点过渡

试题（12）分析

本题考查信息处理基础知识。

信息系统更新的方法有多种，一刀切方式的直接切换常用于小的影响不大的系统。

参考答案

(12) C

试题（13）

信息处理员的工作职责不包含对数据进行 __(13)__ 。

(13) A．分析　　　　B．修改　　　　C．统计　　　　D．管理

试题（13）分析

本题考查信息处理基础知识。

信息处理员不能随意修改数据，但可以向有关负责人提出疑问，由专业人员决定是否需要修改。

参考答案

(13) B

试题（14）

__(14)__ 是数据收集的主要来源。

(14) A．公开出版物、互联网、Excel 表格
　　　B．互联网、Excel 表格、市场调查
　　　C．市场调查、公开出版物、Excel 表格
　　　D．公开出版物、互联网、市场调查

试题（14）分析

本题考查信息处理基础知识。

数据的主要来源包括本企业的数据库、权威机构的公开出版物、市场调查、网上搜索权威机构发布的数据等。

参考答案

（14）D

试题（15）

数据清洗是指对数据进行重新审查和校验的过程，通常包括 __(15)__ 。

①检验数据一致性 ②处理无效值 ③处理缺失值 ④方差分析

（15）A．①②④　　　B．①②③　　　C．②③④　　　D．①③④

试题（15）分析

本题考查信息处理基础知识。

数据清洗是为数据分析做准备的，方差分析是数据分析阶段所用的方法。

参考答案

（15）B

试题（16）

数据处理的几个阶段中，__(16)__ 通常是最费时间和成本的。

（16）A．数据收集　　B．数据整理　　C．数据加工　　D．数据表达

试题（16）分析

本题考查信息处理基础知识。

收集数据需要较长时间，花费也较大，还难于自动化。

参考答案

（16）A

试题（17）

__(17)__ 属于数据加工的主要工作。

（17）A．数据采集、数据筛选、数据编制
　　　B．数据筛选、数据编制、数据分析
　　　C．数据采集、数据编制、数据分析
　　　D．数据筛选、数据采集、数据分析

试题（17）分析

本题考查信息处理基础知识。

数据采集是数据加工阶段之前的工作。

参考答案

（17）B

试题（18）

存储在 __(18)__ 中的数据断电后不可保存。

（18）A．RAM　　　B．光盘　　　C．U盘　　　D．硬盘

试题（18）分析

本题考查计算机基础知识。

主存中包括 RAM（随机存储器）和 ROM（只读存储器），RAM 属于工作区，断电后存储的信息将丢失。

参考答案

（18）A

试题（19）

　　__(19)__ 需要做数据检索操作。

　　(19) A．数据排序、数据存储　　　　B．数据加工、数据存储
　　　　 C．数据收集、数据筛选　　　　D．数据排序、数据筛选

试题（19）分析

　　本题考查计算机基础知识。

　　数据排序、数据筛选的过程中需要做数据检索。

参考答案

　　（19）D

试题（20）

　　__(20)__ 不是常用的数据展示图表。

　　(20) A．饼图　　　B．折线图　　　C．抛物图　　　D．柱状图

试题（20）分析

　　本题考查计算机基础知识。

　　常用的数据图表包括直方图、圆饼图、折线图、条形图等。

参考答案

　　（20）C

试题（21）

　　微型计算机系统内，__(21)__ 是能够被多个部件共享的通路。

　　(21) A．音频线　　　B．总线　　　C．电源线　　　D．网线

试题（21）分析

　　本题考查计算机基础知识。

　　总线是微机内部多个部件共享的公共通路。

参考答案

　　（21）B

试题（22）

　　中国芯是中国自主研发并生产制造的计算机处理器芯片的统称，__(22)__ 不属于中国芯系列。

　　(22) A．鲲鹏　　　B．龙芯　　　C．酷睿　　　D．麒麟

试题（22）分析

　　本题考查计算机基础知识。

　　酷睿是美国英特尔公司的芯片。

参考答案

　　（22）C

试题（23）

微处理器字长是指 CPU 在单位时间内能一次处理的二进制数据的位数。目前微型计算机中主流的微处理器字长是 (23) 。

(23) A．16 位　　　　　B．32 位　　　　　C．64 位　　　　　D．128 位

试题（23）分析

本题考查计算机基础知识。

当前主流微型计算机 CPU 字长大多是 64 位。

参考答案

(23) C

试题（24）

按照存储器的读写速度由慢到快排序，正确的是 (24) 。

(24) A．光盘<硬盘<Cache<内存
　　　B．光盘<硬盘<内存<Cache
　　　C．Cache<光盘<硬盘<内存
　　　D．光盘<内存<硬盘<Cache

试题（24）分析

本题考查计算机基础知识。

Cache 是高速缓存，内存是工作区，硬盘存放信息，便宜的光盘可用于文件存档。

参考答案

(24) B

试题（25）

存储器按存储介质的不同可分为磁存储器、半导体存储器和光存储器，以下存储器中， (25) 属于半导体存储器。

(25) A．磁盘　　　　　　　　　　B．CD-ROM
　　　C．DVD-ROM　　　　　　　D．DRAM

试题（25）分析

本题考查计算机基础知识。

半导体存储器以半导体电路作为存储媒体。内存芯片由半导体集成电路组成，按其功能可分为 RAM 和 ROM。RAM 包括 DRAM（动态随机存取存储器）和 SRAM（静态随机存取存储器）。

参考答案

(25) D

试题（26）

以下设备中， (26) 不属于计算机输入设备。

(26) A．触摸屏　　　　　　　　　B．游戏操纵杆
　　　C．绘图仪　　　　　　　　　D．扫描仪

试题（26）分析

本题考查计算机基础知识。

绘图仪是输出设备。

参考答案

（26）C

试题（27）

一台显示器的分辨率为1024×768，若显示65 536种颜色，则显存容量至少为　（27）　。

（27）A．0.5MB　　　　B．1MB　　　　C．1.5MB　　　　D．2MB

试题（27）分析

本题考查计算机基础知识。

显示65 536（2^{16}）种颜色，需要16位二进制数。分辨率1024×768的显示器，至少需要1024×768×16个二进位容量的显存。1024×768×16b=1024×768×2B=1536KB≈1.5MB。

参考答案

（27）C

试题（28）

在计算机BIOS中设置启动顺序时，"First Boot Device"选项设置的是　（28）　。

（28）A．首选启动设备　　　　　　　B．第二启动设备
　　　 C．第三启动设备　　　　　　　D．其他启动设备

试题（28）分析

本题考查计算机基础知识。

"First Boot Device"的含义是首选启动设备。准备安装的操作系统在哪个设备上，就应将它作为首选启动设备。

参考答案

（28）A

试题（29）

在微型计算机中安装操作系统时的默认安装盘是　（29）　。

（29）A．C盘　　　　B．D盘　　　　C．E盘　　　　D．A盘

试题（29）分析

本题考查计算机基础知识。

微型计算机安装操作系统时的默认安装盘是C盘。

参考答案

（29）A

试题（30）

计算机开机后，机箱内蜂鸣器发出长鸣声，并且不能进入系统，这种情况通常是　（30）　部件故障。

（30）A．CPU　　　　B．内存条　　　　C．显示卡　　　　D．主机电源

试题（30）分析

本题考查计算机基础知识。

这种现象很可能是内存条与主板不兼容，或内存条没有插紧，也可能是内存条损坏。

参考答案

(30) B

试题（31）

下列关于计算机操作系统的描述中，不正确的是__(31)__。

(31) A．操作系统是管理计算机的硬件与软件资源的计算机程序

B．操作系统属于计算机软件中的系统软件

C．操作系统是用户和计算机的接口

D．操作系统是为解决某一类实际问题设计的应用软件

试题（31）分析

本题考查计算机基础知识。

应用软件是为解决某一类实际问题设计的软件，而操作系统为应用软件提供了运行平台。

参考答案

(31) D

试题（32）

中国自主研发的操作系统有__(32)__。

①银河麒麟系统　②优麒麟系统　③中标麒麟系统　④Windows 系统

(32) A．①②④　　　B．②③④　　　C．①③④　　　D．①②③

试题（32）分析

本题考查计算机基础知识。

Windows 系统是美国微软公司开发的操作系统。

参考答案

(32) D

试题（33）

根据 MPGE-1 视频压缩标准，对立体声音进行三层压缩的方法得到的声音文件格式是__(33)__。

(33) A．WAV　　　B．MPG4　　　C．MID　　　D．MP3

试题（33）分析

本题考查计算机基础知识。

MP3 格式是以数字方式储存的音乐，采用了 MPEG Audio Layer 3 技术。

参考答案

(33) D

试题（34）

用__(34)__工具软件可以将 AVI 视频文件中的声音提取出来，转换成 WMA 音频文件。

(34) A．美图秀秀　　B．微信　　　C．酷我音乐　　D．格式工厂

试题（34）分析

本题考查计算机基础知识。

"格式工厂"工具软件支持常见的音频、视频、图像在各种格式之间进行转换。

参考答案

（34）D

试题（35）

Windows 应用程序窗口的右上角，可能出现的按钮组合是__(35)__。

（35）A．最小化、最大化、还原　　　　B．最大化、还原、关闭
　　　　C．最小化、还原、关闭　　　　　D．最小化、最大化、移动

试题（35）分析

本题考查计算机基础知识。

Windows 应用程序窗口的右上角一般是三个控制按钮：最小化、还原和关闭。

参考答案

（35）C

试题（36）

下列关于 Windows 7 桌面上图标的叙述中，__(36)__ 是不正确的。

（36）A．图标不能删除　　　　　　　　B．图标都可以移动
　　　　C．可以增加应用程序图标　　　　D．图标可以重新排列

试题（36）分析

本题考查计算机基础知识。

桌面上的图标是可以删除的。

参考答案

（36）A

试题（37）

在 Windows 7"资源管理器"的导航窗格中，单击"Program files"文件夹图标，系统__(37)__。

（37）A．在导航窗格中显示其子文件夹
　　　　B．在导航窗格中扩展该文件夹
　　　　C．在右侧显示窗口中显示该文件夹中的文件夹和文件
　　　　D．删除该文件夹中的文件

试题（37）分析

本题考查计算机基础知识。

在导航窗格中单击文件夹图标，将在右侧显示窗口中显示该文件夹中的子文件夹和文件。

参考答案

（37）C

试题（38）

在 Windows 7 系统中，若要选择多个不连续的文件或文件夹，应按住__(38)__键不放，逐个单击要选择的文件和文件夹。

（38）A．Shift　　　　B．Alt　　　　C．Ctrl　　　　D．Ctrl 和 Alt

试题（38）分析

本题考查计算机基础知识。

为选择多个不连续的文件或文件夹，可以按住 Ctrl 键，再逐个单击这些文件或文件夹。

参考答案

（38）C

试题（39）

在 WPS 文字中，如果用户想以不同文件名存储正在编辑的文档，可用 (39) 命令。

(39) A．保存　　　　B．另存为　　　　C．比较　　　　D．引用

试题（39）分析

本题考查办公软件基础知识。

另存为的功能是换名存储。

参考答案

（39）B

试题（40）

用 Word 2010 编辑文档时，如果想在某一个页面没有写满的情况下强行分页，可以插入 (40) 。

(40) A．边框　　　　　　　　　B．项目符号
　　　C．分页符　　　　　　　　D．换行符

试题（40）分析

本题考查办公软件基础知识。

分页符的作用就是强行分页。

参考答案

（40）C

试题（41）

在 WPS 文字中，为使内容更加醒目，文章更具有条理性，可在段落前添加 (41) 。

(41) A．剪贴画　　　　　　　　B．艺术字
　　　C．项目符号和编号　　　　D．文本框

试题（41）分析

本题考查办公软件基础知识。

比较醒目的项目符号或编号使文章更具有条理性。

参考答案

（41）C

试题（42）

在 Word 2010 中，将选定的文本从文档的一个位置复制到另一个位置，可按住 (42) 键，再用鼠标拖动。

(42) A．Ctrl　　　　B．Alt　　　　C．Shift　　　　D．Enter

试题（42）分析

本题考查办公软件基础知识。

按住 Ctrl 键再拖动所选文本意味着复制文本到指定位置。

参考答案

（42）A

试题（43）

在 Word 2010 中，页眉页脚不能设置__（43）__。

（43）A．字符的字体、字号　　　　B．边框底纹
　　　C．对齐方式　　　　　　　　　D．分栏格式

试题（43）分析

本题考查办公软件基础知识。

页眉页脚中不能再分栏，也没有这个必要。

参考答案

（43）D

试题（44）

在 Word 2010 中，连续执行三次"插入"操作，再单击一次"撤销"命令后，则__（44）__。

（44）A．第一次插入的内容被取消　　B．第二次插入的内容被取消
　　　C．第三次插入的内容被取消　　D．三次插入的内容都被取消

试题（44）分析

本题考查办公软件基础知识。

"撤销"命令撤销最近的一次操作效果。

参考答案

（44）C

试题（45）

在 Word 2010 的表格操作中，可用鼠标改变表格的行高与列宽，其方法是__（45）__。

（45）A．当鼠标指针在表格线上变为双向箭头形状时拖动鼠标
　　　B．双击表格线
　　　C．单击表格线
　　　D．单击"拆分单元格"按钮

试题（45）分析

本题考查办公软件基础知识。

当鼠标指针移到表格线上时会变为双向箭头形状，意味着可以在此方向上用拖动鼠标来移动表格线，改变行高和列宽。

参考答案

（45）A

试题（46）

在 Word 2010 中，用矩形工具绘制正方形时应同时按下__（46）__键。

(46) A. Ctrl　　　　B. Shift　　　　C. Alt　　　　D. Ctrl+Alt

试题（46）分析

本题考查办公软件基础知识。

在文档中插入形状时，按住 Shift 键再选择矩形，就能插入正方形。

参考答案

（46）B

试题（47）

在 Word 2010 中，若要打印文档第 1、3、5、7、8、9、10 页时，应在"打印自定义范围"中设置页号为__(47)__。

(47) A. 1.3.5.7-10　　　　　　　　B. 1、3、5、7/10

　　　C. 1,3,5,7-10　　　　　　　　D. 1-3-5-7\10

试题（47）分析

本题考查办公软件基础知识。

选择页号 1,3,5,7-10，意味着打印第 1、3、5 页以及从第 7 页到第 10 页。

参考答案

（47）C

试题（48）

在 Word 2010 中，以下关于公式的说法，不正确的是__(48)__。

(48) A. 可以将编辑好的公式保存起来，方便以后使用

　　　B. 可以对公式的字体字号进行调整

　　　C. 可以对公式的位置进行随意调整

　　　D. 公式编辑好之后就不能再修改

试题（48）分析

本题考查办公软件基础知识。

公式编辑完成后，再双击它，就能再进行修改。

参考答案

（48）D

试题（49）

在 Word 2010 中，给全校学生家长发送《期末成绩通知单》，最简便的方法是用__(49)__。

(49) A. 复制　　　　B. 信封　　　　C. 标签　　　　D. 邮件合并

试题（49）分析

本题考查办公软件基础知识。

邮件合并能批量形成大同小异的邮件，其中学生姓名和成绩每个学生不同。

参考答案

（49）D

试题（50）

__(50)__环境能运行 WPS 2019 软件。

(50) A. DOS、Windows　　　　　B. Office、Word
　　　C. Word、DOS　　　　　　　D. Windows、Linux

试题（50）分析

本题考查办公软件基础知识。

在目前流行的操作系统 Windows、Linux 环境下可以运行 WPS 2019 软件。

参考答案

（50）D

试题（51）

由 WPS 电子表格所创建文件的常见扩展名有 ___(51)___ 。

①xls　　　　　②xlsx　　　　　③excel　　　　　④exc

(51) A. ①和②　　B. ①和④　　C. ②和③　　D. ③和④

试题（51）分析

本题考查办公软件基础知识。

xls 和 xlsx 分别是电子报表格式的旧版和新版。

参考答案

（51）A

试题（52）

在 WPS 电子表格中，能表示 A1 至 B2 单元格矩形区域的是 ___(52)___ 。

(52) A. A1+B2　　B. A1-B2　　C. A1:B2　　D. A1*B2

试题（52）分析

本题考查办公软件基础知识。

A1:B2 表示以 A1 和 B2 为对角的矩形区域。

参考答案

（52）C

试题（53）

在 WPS 电子表格中，录入文本形式的数字时，应先输入一个 ___(53)___ 。

(53) A. 英文单引号　　　　　B. 中文单引号
　　　C. 英文双引号　　　　　D. 中文双引号

试题（53）分析

本题考查办公软件基础知识。

以英文单引号为首的数字串将按字符串文本来处理。

参考答案

（53）A

试题（54）

在 WPS 电子表格中，可以按住 ___(54)___ 键，选择不连续的单元格或单元格区域。

(54) A. Alt　　B. Shift　　C. Tab　　D. Ctrl

试题（54）分析

本题考查办公软件基础知识。

为选择多个不连续的单元格，可按住 Ctrl 键再逐个选择单元格。

参考答案

（54）D

试题（55）

WPS 电子表格中，可以从【开始】选择 的功能组图标，更加便捷地设置中文货币符号、百分比样式、__(55)__、小数位数。

（55）A．对齐方式　　　B．字体　　　C．千位分隔符　　　D．边框

试题（55）分析

本题考查办公软件基础知识。

中文货币数值一般也采用千位分割符","，例如"5，300"元。

参考答案

（55）C

试题（56）

在 WPS 电子表格中，单元格中的公式是以__(56)__开始的运算符、值、引用或函数的组合。

（56）A．=　　　　　B．：　　　　　C．（　　　　　D．[

试题（56）分析

本题考查办公软件基础知识。

在单元格中输入以"="开始的计算公式，其效果为显示计算的结果。

参考答案

（56）A

试题（57）

在 WPS 电子表格的某个单元格中输入"=3^3"，按回车键后，该单元格中的值是__(57)__。

（57）A．27　　　　B．9　　　　C．6　　　　D．1

试题（57）分析

本题考查办公软件基础知识。

计算公式 3^3 就是 3 的立方，计算结果为 27。

参考答案

（57）A

试题（58）

在 WPS 电子表格中，在 A1 单元格中输入 "=LEFT("software",4)"并按回车键后，A1 单元格中的值是__(58)__。

（58）A．s　　　　B．so　　　　C．t　　　　D．soft

试题（58）分析

本题考查办公软件基础知识。

函数 LEFT("software",4)表示取字符串 software 的左 4 位字符 soft。

参考答案

（58）D

试题（59）

在 WPS 电子表格中，在 A1 单元格中输入"=ROUNDUP(90.0111,2)"并按回车键后，A1 单元格中的值是__(59)__。

(59) A. 90　　　　　B. 91　　　　　C. 90.01　　　　　D. 90.02

试题（59）分析

本题考查办公软件基础知识。

函数 ROUNDUP(90.0111,2)表示将 90.0111 向上进位保留到小数点后 2 位，得到 90.02。

参考答案

（59）D

试题（60）

在 WPS 电子表格中，单元格 A1、A2、A3、B1、B2、B3 中的值分别为 1、1、2、60、60、90，若在 C1 单元格中输入"=SUMIF(A1:A3,"=1",B1:B3)"，则按回车键后，C1 单元格中的值是__(60)__。

(60) A. 90　　　　　B. 180　　　　　C. 120　　　　　D. 60

试题（60）分析

本题考查办公软件基础知识。

函数 SUMIF(A1:A3,"=1",B1:B3)表示在区域 A1:A3 中，凡是等于 1 的单元格，对区域 B1:B3 相应的单元内容求和。由于只有 A1 和 A2 单元格的内容等于 1，因此对 B1 和 B2 单元格求和，得到 120，赋值于 C1 单元格。

参考答案

（60）C

试题（61）

在 WPS 电子表格中，单元格 A1、A2、A3、B1 中的值分别为 60、80、90、90，若在 C1 单元格中输入"=IF(B1<A1,"A",IF(B1<A2,"B",IF(B1<A3,"C","D")))"，则按回车键后，C1 单元格中的值是__(61)__。

(61) A. A　　　　　B. B　　　　　C. C　　　　　D. D

试题（61）分析

本题考查办公软件基础知识。

函数 IF(B1<A1,"A",IF(B1<A2,"B",IF(B1<A3,"C","D")))表示，如果 B1<A1，则取值字符 A，否则，如果 B1<A2，则取值字符 B，否则，如果 B1<A3，则取值字符 C，否则取值字符 D。由于 B1<A1、B1<A2 和 B1<A3 均不成立，所以该函数取值为字符 D。

参考答案

（61）D

试题（62）

在 WPS 电子表格中，以下关于排序的叙述，正确的是 __(62)__ 。

(62) A．当用户进行排序时，每一行的数据会发生改变
　　 B．当用户进行排序时，整个数据清单的行顺序不会发生改变
　　 C．用户可以进行单关键字排序或多关键字排序
　　 D．用户进行多关键字排序时，可以设置多个主要关键字

试题（62）分析

本题考查办公软件基础知识。

电子表格中的数据可以按照一个或多个关键字进行排序（增序或降序）。排序后，行的顺序一般会发生变化，但数据内容不变。多关键字排序时，只有一个是主关键字。当主关键字相同时，再按第二关键字排序，依次类推。

参考答案

（62）C

试题（63）

在 WPS 演示文稿中，超链接不可以链接到 __(63)__ 。

(63) A．文本文件的某一行　　　　　　B．某张幻灯片
　　 C．某视频文件　　　　　　　　　D．某图像文件

试题（63）分析

本题考查办公软件基础知识。

超链接可以链接到预设的某个位置（不包括文本文件的指定行）。

参考答案

（63）A

试题（64）

用二维表来表示实体与实体之间联系的数据模型称为 __(64)__ 。

(64) A．实体-联系模型　　　　　　　B．层次模型
　　 C．关系模型　　　　　　　　　　D．网状模型

试题（64）分析

本题考查数据库处理基础知识。

关系模型用二维表来表示实体与实体之间的联系。

参考答案

（64）C

试题（65）

在数据库管理系统中，__(65)__ 是指对数据库中的数据进行修改、插入、删除、查询、统计等操作。

(65) A．数据库定义功能　　　　　　　B．数据库操纵功能
　　 C．数据库维护功能　　　　　　　D．数据库事务管理功能

试题（65）分析

本题考查数据库处理基础知识。

数据库操纵功能包括对数据库中的数据进行修改、插入、删除、查询、统计等操作。

参考答案

（65）B

试题（66）

某图书管理系统中，用借书证号、姓名、性别、出生年月、联系方式、照片等属性来描述"读者信息"，应选 __(66)__ 作为主键。

(66) A．借书证号　　　B．姓名　　　　C．出生年月　　　D．照片

试题（66）分析

本题考查数据库处理基础知识。

借书证号能唯一确定读者信息，姓名等都可能有重复。

参考答案

（66）A

试题（67）

在网络通信时， __(67)__ 协议实现网络中的文件传输。

(67) A．ARP　　　　B．FTP　　　　C．TELNET　　　D．DNS

试题（67）分析

本题考查计算机基础知识。

网络通信协议中，FTP 是文件传输协议。

参考答案

（67）B

试题（68）

物联网是连接物与物的网络，其英文缩写是 __(68)__ 。

(68) A．AI　　　　　B．VR　　　　　C．IT　　　　　D．IoT

试题（68）分析

本题考查计算机基础知识。

物联网的英文是 Internet of Things，简写作 IoT。

参考答案

（68）D

试题（69）

__(69)__ 不能提高计算机系统的安全性。

(69) A．设置保密级别高的密码并启用指纹密码
　　　B．设置防火墙
　　　C．创建系统还原
　　　D．保持防病毒软件更新

试题（69）分析

本题考查信息安全基础知识。

系统还原指的是系统发生故障后，调出其备份，将系统恢复到之前备份的时刻。

参考答案

（69）C

试题（70）

防止系统资源受到侵害或被非法使用的技术可以提高系统的__（70）__。

（70）A．安全性　　　　B．可靠性　　　　C．可用性　　　　D．容错性

试题（70）分析

本题考查信息安全基础知识。

系统安全性就是指防止系统资源被损害以及防止非法使用等。

参考答案

（70）A

试题（71）

《数据安全管理办法》是于2019年5月28日由__（71）__发布的。

（71）A．国家互联网信息办公室　　　　B．工业和信息化部
　　　　C．国家信息中心　　　　　　　　D．国家大数据中心

试题（71）分析

本题考查信息安全基础知识。

《数据安全管理办法》是依据《中华人民共和国网络安全法》由国家互联网信息办公室发布的。

参考答案

（71）A

试题（72）

法人或者其他组织所享有软件著作权的保护期为__（72）__年。

（72）A．20　　　　B．30　　　　C．40　　　　D．50

试题（72）分析

本题考查有关的法规基础知识。

法人或其他组织的软件著作权，保护期限为首次发表后的五十年。

参考答案

（72）D

试题（73）

网络安全法规定，网络运营者应当制定__（73）__，及时处置系统漏洞、计算机病毒、网络攻击、网络侵入等安全风险。

（73）A．网络安全事件应急预案　　　　B．网络安全事件补救措施
　　　　C．网络安全事件应急演练方案　　D．网站安全规章制度

试题（73）分析

本题考查信息安全基础知识。

网络安全事件应急预案的重点是及时处理各种安全风险。

参考答案

（73）A

试题（74）

磁盘存储的文件数量较多时，通常可用 __(74)__ 对文件进行管理，以便于分类与查找。

(74) A．文件备份　　　　　　　　B．电子表格
　　　C．文件目录　　　　　　　　D．文件压缩

试题（74）分析

本题考查计算机基础知识。

计算机中的文件目录用于管理文件，便于查找。

参考答案

（74）C

试题（75）

__(75)__ 是专门从事行业数据搜集、整理、分析，并依据数据做出行业研究、评估和预测的专业人员。需要熟悉数据驱动型产品开发模式，能通过将分析的方法和经验进行抽象和沉淀来搭建和优化数据分析流程机制，提高自动化数据基础能力，保证分析项目高效率运行。

(75) A．数据采集员　　　　　　　　B．数据录入员
　　　C．数据分析师　　　　　　　　D．数据管理员

试题（75）分析

本题考查信息处理基础知识。

数据分析师是数据处理岗位中技术要求较高的职位。

参考答案

（75）C

第18章 2021下半年信息处理技术员上机考试试题分析与解答

试题一（共15分）

利用系统提供的素材，按题目要求完成后，用 Word 的保存功能直接存盘。

让数字文明造福各国人民

2021年9月26日，国家主席习近平向2021年世界互联网大会乌镇峰会致贺信。习近平主席强调，让数字文明造福各国人民，推动构建人类命运共同体。习近平主席的贺信引发热烈反响，与会嘉宾表示，习近平主席的贺信充分体现了对全球信息化发展浪潮的深刻思考，必须认真学习和贯彻落实，真正实现迈向数字文明新时代，携手构建网络空间命运共同体。

要求：

1. 在正文最后一段后另起一行，录入以下文字：

习近平主席指出，数据技术正以新理念、新业态、新模式全面融入人类经济、政治、文化、社会、生态文明建设各领域和全过程，给人类生产生活带来广泛而深刻的影响。

2. 将标题设置为宋体、二号、加粗、居中，字符间距加宽3磅；

3. 将正文设置为宋体，小四，行距设置为1.5倍；

4. 将页面纸张方向设置为横向， 纸张宽度21厘米，高度15厘米，页面垂直对齐方式居中；

5. 将正文设置为3栏，并添加分隔线。

试题一分析

【考查目的】

- 文字录入及编排。
- 开始菜单的使用。
- 页面布局菜单的使用。

【要点分析】

本题要点：文档字体设置、页面设置、文字录入。

【操作的关键步骤】

（1）文档格式。选定文档对象，通过"开始"菜单下的"字体"命令进行设置。

（2）页面设置。通过"页面布局"菜单下的"页面设置"命令进行设置。

（3）页面设置。通过"页面布局"菜单下的"分栏"和"段落"命令进行设置。

参考答案

让数字文明造福各国人民

2021年9月26日，国家主席习近平向2021年世界互联网大会乌镇峰会致贺信。习近平主席强调，让数字文明造福各国人民，推动构建人类命运共同体。习近平主席的贺信引发热烈反响，与会嘉宾表示，习近平主席的贺信充分体现了对全球信息化发展浪潮的深刻思考，必须认真学习和贯彻落实，真正实现迈向数字文明新时代，携手构建网络空间命运共同体。

习近平主席指出，数字技术正以新理念、新业态、新模式全面融入人类经济、政治、文化、社会、生态文明建设各领域和全过程，给人类生产生活带来广泛而深刻的影响。

试题二（共 15 分）

用 Word 软件制作如图示的面试评定表。按题目要求完成后，用 Word 的保存功能直接存盘。

面试评定表

姓名		性别		年龄	
应聘职位		所属部门		面试人	
评价要素	评定等级				
	1（差）	2（较差）	3（一般）	4（较好）	5（好）
求职动机					
仪表风度					
语言表达					
专业知识					
工作经验					
人际交往					
情绪控制					
逻辑分析					
应变能力					
评价	□建议录用			□建议不录用	

要求：
1. 利用相关工具绘制如图示的面试评定表。
2. 将标题设置为楷体、二号、黑色、加粗、居中；其他文字设置为宋体、五号、黑色。

试题二分析

【考查目的】
- 文字设置和编排。
- 绘制表格。

【要点分析】
本题要点：绘制表格、字体设置、录入文字并进行编排。

【操作的关键步骤】
（1）文字编排。使用"开始"菜单下的"字体"命令进行字号、字体的设置。
（2）表格菜单的使用。使用"插入"菜单下的"表格"命令绘制表格。

参考答案

面试评定表

姓名		性别		年龄	
应聘职位		所属部门		面试人	
评价要素	评定等级				
	1（差）	2（较差）	3（一般）	4（较好）	5（好）
求职动机					
仪表风度					
语言表达					
专业知识					
工作经验					
人际交往					
情绪控制					
逻辑分析					
应变能力					
评价	□建议录用		□建议不录用		

试题三（共 15 分）

在 Excel 的 Sheet1 工作表的 A1:K12 单元格区域创建"歌唱比赛评分表"（内容如下图所示）。按题目要求完成之后，用 Excel 的保存功能直接存盘。注意：不在上述单元格范围内的解答不得分。

	A	B	C	D	E	F	G	H	I	J	K
1	歌唱比赛评分表										
2	编号	评委						最高分	最低分	最终分数	名次
3		1	2	3	4	5	6				
4	10001	9.0	8.8	8.9	8.4	8.2	8.9				
5	10002	5.8	6.8	5.9	6.0	6.9	6.4				
6	10003	8.0	7.5	7.3	7.4	7.9	8.0				
7	10004	8.6	8.2	8.9	9.0	7.9	8.5				
8	10005	8.2	8.1	8.8	8.9	8.4	8.5				
9	10006	9.6	9.5	9.4	8.9	8.9	9.5				
10	10007	9.2	9.0	8.7	8.3	9.0	9.1				
11	10008	8.8	8.6	8.9	8.8	9.0	8.4				
12	10009	5.8	6.2	5.7	6.0	5.7	5.8				

要求：

1. 表格要有可视的边框，并将文字设置为宋体、16 磅、居中。

2. 在相应单元格内用 MAX 函数计算每名选手的最高分，计算结果保留 1 位小数。

3. 在相应单元格内用 MIN 函数计算每名选手的最低分，计算结果保留 1 位小数。

4. 在相应单元格内用 SUM 函数计算每名选手的最终分数（最终分数=(6 位评委的评分之和–最高分–最低分)/4，计算结果保留 1 位小数。

5. 根据最终分数，在相应单元格内用 RANK 函数计算每名选手的名次。

试题三分析

【考查目的】

- 用 Excel 创建工作表。
- 单元格格式设置。
- 函数计算。

【要点分析】

本题要点：文字的编排（包括字体、字号等）、单元格格式设置、函数计算。

【操作的关键步骤】

（1）文字的编排。使用"开始"菜单下的"字体"命令进行设置。

（2）函数计算。最高分计算函数为："=MAX(B4:G4)"；

最低分计算函数为："=MIN(B4:G4)"；

最终分数计算函数为："=(SUM(B4:G4)–H4–I4)/4"；

排名计算函数为：   "=RANK(J4,$J$4:$J$12,0)"。

参考答案

	A	B	C	D	E	F	G	H	I	J	K
1	歌唱比赛评分表										
2	编号	评委						最高分	最低分	最终分数	名次
3		1	2	3	4	5	6				
4	10001	9.0	8.8	8.9	8.4	8.2	8.9	9.0	8.2	8.8	4
5	10002	5.8	6.8	5.9	6.0	6.9	6.4	6.9	5.8	6.3	8
6	10003	8.0	7.5	7.3	7.4	7.9	8.0	8.0	7.3	7.7	7
7	10004	8.6	8.2	8.9	9.0	7.9	8.5	9.0	7.9	8.6	5
8	10005	8.2	8.1	8.8	8.9	8.4	8.5	8.9	8.1	8.5	6
9	10006	9.6	9.5	9.4	8.9	8.9	9.5	9.6	8.9	9.3	1
10	10007	9.2	9.0	8.7	8.3	9.0	9.1	9.2	8.3	9.0	2
11	10008	8.8	8.6	8.9	8.8	9.0	8.4	9.0	8.4	8.8	3
12	10009	5.8	6.2	5.7	6.0	5.7	5.8	6.2	5.7	5.8	9

试题四（共 15 分）

在 Excel 中按题目要求完成对工作表的操作后，用 Excel 的保存功能直接存盘。

	A	B	C	D	E	F	G	H	I
1	某年某天各地气温表								
2	编号	地区	早7:00（℃）	中午12:00（℃）	晚7:00（℃）	平均气温（℃）	最高气温（℃）	最低气温（℃）	温度差（℃）
3		北京	10	28	18				
4		上海	22	34	30				
5		长春	8	28	15				
6		天津	15	26	20				
7		武汉	20	30	23				
8		西安	16	28	20				
9		兰州	8	25	12				
10		西宁	6	25	10				
11		广州	32	35	33				
12		深圳	32	38	35				

要求：

1. 表格要有可视的边框，并将表格标题"某年某天各地气温表"设置为居中、楷体、16 磅、蓝色，表格内容设置为居中、宋体、11 磅、黑色。
2. 填充编号内容，设置表格列宽为 8.5，将第二行设置自动换行。
3. 使用 AVERAGE 函数计算每个地区的"平均气温"，计算结果保留 1 位小数。
4. 使用 MAX、MIN 函数分别计算"最高气温"和"最低气温"。
5. 使用公式计算"温度差"，公式为：温度差=最高气温-最低气温，并按照"平均气温"升序排序。

试题四分析

【考查目的】

- 用 Excel 创建工作表。
- 单元格格式设置。
- 函数公式计算。

【要点分析】

本题要点：文字的编排（包括字体、字号等）、排序、单元格格式设置、函数公式计算。

【操作的关键步骤】

（1）文字和排序。使用"开始"菜单下的"字体"和"排序"命令进行设置。

（2）函数公式计算。

平均气温计算函数为："=AVERAGEIF(C3:E3)"；

最高气温计算函数为："=MAX(C3:E3)"；

最低气温计算函数为："=MIN(C3:E3)"；

温度差计算公式为："=G3–H3"。

（3）列宽设置。选中设置列，单击鼠标右键，选择"列宽"命令进行设置。
参考答案

	A	B	C	D	E	F	G	H	I
1				某年某天各地气温表					
2	编号	地区	早7:00（℃）	中午12:00（℃）	晚7:00（℃）	平均气温（℃）	最高气温（℃）	最低气温（℃）	温度差（℃）
3	8	西宁	6	25	10	13.7	25	6	19
4	7	兰州	8	25	12	15.0	25	8	17
5	3	长春	8	28	15	17.0	28	8	20
6	1	北京	10	28	18	18.7	28	10	18
7	4	天津	15	26	20	20.3	26	15	11
8	6	西安	16	28	20	21.3	28	16	12
9	5	武汉	20	30	23	24.3	30	20	10
10	2	上海	22	34	30	28.7	34	22	12
11	9	广州	32	35	33	33.3	35	32	3
12	10	深圳	32	38	35	35.0	38	32	6

试题五（共 15 分）

利用系统提供的资料，用 PowerPoint 创意制作演示文稿。按照题目要求完成后，用 PowerPoint 的保存功能直接存盘。

资料：

当今世界，综合国力竞争日趋激烈，新一轮科技革命和产业变革正在孕育兴起，变革突破的能量正在不断积累。综合国力竞争说到底是人才竞争。人才资源作为经济社会发展第一资源的特征和作用更加明显，人才竞争已经成为综合国力竞争的核心。谁能培养和吸引更多优秀人才，谁就能在竞争中占据优势。

要求：

1. 文字设置为 32 磅、宋体。
2. 为文档设置飞入动画效果。
3. 在页脚插入备注，内容为"人才竞争"。

试题五分析

【考查目的】

用 PowerPoint 模板制作演示文稿并对文稿进行动画效果、页脚设置等。

【要点分析】

本题要点：PowerPoint 的基本操作。

【操作的关键步骤】

（1）熟悉 PowerPoint 的基本操作。

（2）应用"开始"菜单下的"字体"命令设置字体、字号等。

（3）应用"动画"菜单下的"动画"命令进行动画设置。

（4）应用"插入"菜单下的"页脚和页眉"命令插入页脚备注。

参考答案

当今世界,综合国力竞争日趋激烈,新一轮科技革命和产业变革正在孕育兴起,变革突破的能量正在不断积累。综合国力竞争说到底是人才竞争。人才资源作为经济社会发展第一资源的特征和作用更加明显,人才竞争已经成为综合国力竞争的核心。谁能培养和吸引更多优秀人才,谁就能在竞争中占据优势。